Henri LAMBERCY

LAURÉAT DE L'ACADÉMIE DES SCIENCES, BELLES-LETTRES ET ARTS, DE BORDEAUX

AU PAYS DE SAINTE GERMAINE

Étude d'Hagiographie et d'Art

Impressions

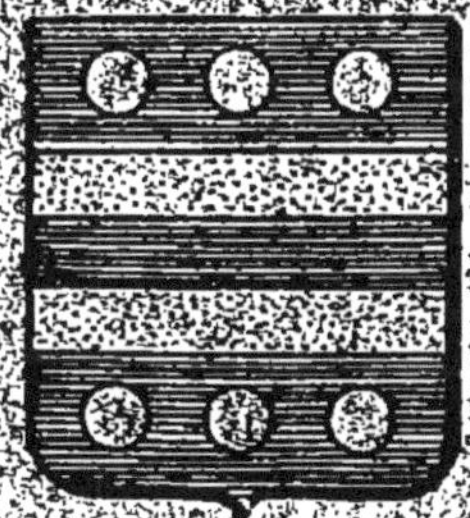

PARIS
ARTHUR SAVAÈTE, ÉDITEUR
76, RUE DES SAINTS-PÈRES, 76

BORDEAUX
ALBERT MOLLAT
16, 17, 19, Galerie Bordelaise

TOULOUSE
ÉDOUARD PRIVAT
14, rue des Arts, 14

1903

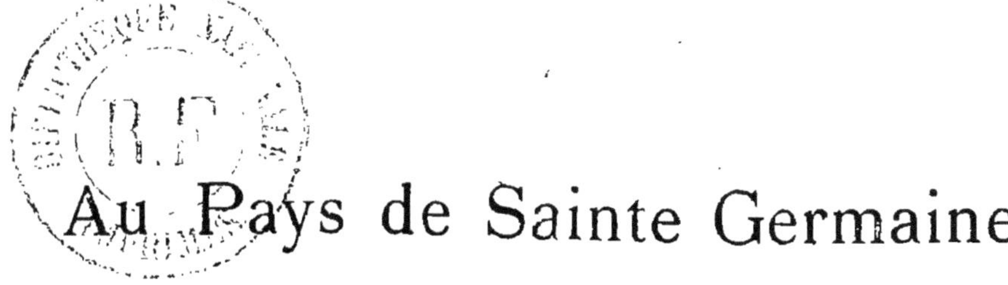

Au Pays de Sainte Germaine

DU MÊME AUTEUR

Vie de l'abbé Jos. M. Samalens. 1 vol. Nice, 1900.

POÉSIE

Chants du Matin. 1 vol. (*épuisé*).

SOUS PRESSE

Récits et Légendes. 1 vol.

EN PRÉPARATION

Les Résiniers. Marines et Paysages. 1 vol.

Godefroid de Bouillon dans l'Histoire et la Légende. 1 vol.

Henri LAMBERCY
LAURÉAT DE L'ACADÉMIE DES SCIENCES, BELLES-LETTRES
ET ARTS, DE BORDEAUX

AU PAYS
DE
SAINTE GERMAINE

Étude d'Hagiographie et d'Art

Impressions

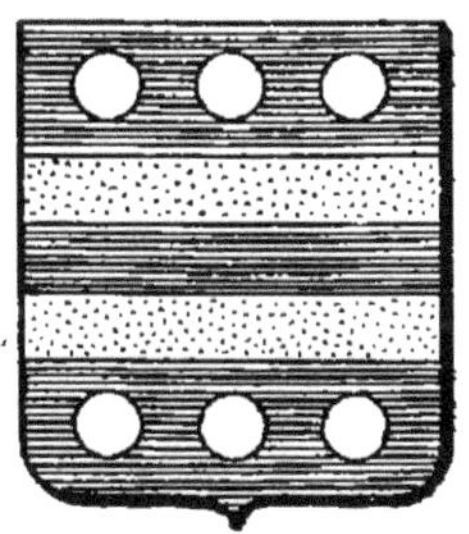

PARIS
ARTHUR SAVAÈTE, ÉDITEUR
76, RUE DES SAINTS-PÈRES, 76

BORDEAUX
ALBERT MOLLAT
15, 16, 17, 19 Galerie Bordelaise

TOULOUSE
ÉDOUARD PRIVAT
14, rue des Arts, 14

1903

IL A ÉTÉ TIRÉ :

vingt-cinq exemplaires sur papier de Hollande numérotés de 1 à 25.

A LA MÉMOIRE DU

R. P. Mathieu GIRAUDY

DES FRÈRES PRÊCHEURS

En hommage de pieuse admiration et de respectueuse affection.

CE LIVRE EST DÉDIÉ.

H. LAMBERCY.

Biographie de sainte Germaine

1579-1601

Beati pauperes spiritu.

L'illustre thaumaturge que le monde devait connaître et vénérer sous le nom de sainte Germaine naquit en 1579, à Pibrac, petit village du Languedoc, situé sur la limite du pays des Auscitains, dans l'antique Novempopulanie.

Elle était fille de Laurent Cousin et de Marie Larroque, sa femme.

L'humble origine de la gracieuse sainte n'a point permis de lui assigner une suite d'aïeux, de rechercher, dans l'obscure remontée des siècles, l'ancêtre célèbre, valeureux, l'aïeule vertueuse, dont le mérite, effacé et méconnu, aurait rejailli sur sa chétive descendante et lui en aurait assuré le bénéfice.

Apparemment, les Annales restent muettes sur toute filiation généalogique. Aucun rayon d'ancestrale gloire n'a percé le voile opalin de la légende et les doctes et sagaces historiens de la fille de Laurent Cousin en manifestent une certaine déception, obligés qu'ils sont, faute d'ancêtres, de reconnaître la seule main de Dieu dans la marche ascendante de la bergère vers l'éternelle gloire.

Pour nous, nous la préférons telle qu'elle fut en réalité, c'est-à-dire seule avec Dieu sur son douloureux calvaire, sans aucun héritage d'antérieures vertus, avec la rayonnante parure de ses propres mérites.

Laurent Cousin, son père, était un pauvre et obscur paysan, vivant sur sa terre assez maigrement, si l'on considère le peu de fertilité actuelle des alentours de sa maison. Marie Larroque, mère de Germaine, était femme de principes, foncièrement bonne et irréprochable chrétienne, car la petite Germaine lui dut certainement de connaître les rudiments de la foi, Dieu et la révélation, quoique sa mort prématurée, peu de temps après la venue au monde de sa fille, nous permette d'avancer que son enseignement ne put guère lui profiter, celle-ci n'étant pas encore en état de la comprendre.

Il serait, je crois, plus exact d'affirmer que son père, après la perte de sa femme, et avant de contracter la nouvelle union dont sa fille aînée devait avoir tant à souffrir, poussé par un besoin de communication, d'épanchement, par un élan de tendresse envers l'enfant qui lui rappelait la compagne disparue, lui inculqua, sous forme de narration, la pensée pieuse de sa mère, ses vertus propres, pour l'engager à l'imiter, à la copier, à la perpétuer auprès de lui. Ce serait alors ce père, dont nous aurons par la suite à condamner la faiblesse, qui aurait, par égoïsme paternel, et pour revivre par la fille la douceur et l'aménité de la mère, ouvert l'âme de Germaine aux beautés de la foi, et cultivé dans le cœur de son enfant la petite et pure fleur de vertu dont la mère avait semé le germe.

Il ne faut pas, en effet, juger mal, *a priori*, Laurent Cousin, et condamner d'un trait de plume, d'une phrase caustique, sans appel, un homme coupable de faiblesse, selon le dessein de Dieu, mais en qui pouvait avoir éloquemment vibré le sentiment paternel.

Germaine entra dans la vie avec son cortège de souffrances. La pauvre enfant vint au monde rachitique et scrofuleuse. Que Dieu, dont les desseins éternels restent pour nous comme le soleil, dont nous admirons l'éclat, la beauté, l'harmonie et le bienfait, sans en connaître la substance, — n'en déplaise aux savants astronomes, — ait jeté dans le corps de Germaine ces maux dont sera torturée sa vie, pour l'épurer davantage et la rendre plus vite et mieux semblable à Lui, je l'admets. J'admets aussi la cause d'hérédité, la cause accidentelle, toutes les probabilités étant possibles en l'espèce et en l'absence de documents.

Un fait est certain : Germaine souffrit depuis l'heure de sa naissance à la vie naturelle, jusqu'à sa naissance à la vie éternelle, de ses maux établis en elle à l'état chronique et affirmés par des plaies douloureuses.

Nous n'avons, dans ce coin d'histoire qui nous occupe, aucun repère, pas un fait saillant, une date, établissant un point de départ, d'arrêt, dans la courte vie de notre héroïne. Elle a suivi la commune route, tortueuse et difficile pour les uns, plane et gaie pour les autres.

Petite fleur, perdue dans une plaine éloignée des centres, ouvrant, dans des touffes d'herbes folles, sa frêle corolle, tremblante sur sa tige maigrelette, Germaine grandit dans la maison de son père, indifférente aux jeux innocents de son âge, jouant seulement avec les moutons de la ferme, s'y égayant parfois de longues heures. La pauvrette avait d'autant plus besoin de cette distraction qu'elle souffrait davantage en grandissant. Cela lui faisait oublier un peu sa douleur, et lui était une joie bien pâle, sans doute, comparée à l'émotion intense qui étreignait son cœur d'enfant, lorsque, à genoux devant une croix, elle fixait le bois sacré, attendrie et stupéfaite, cherchant à comprendre, éprouvant mieux que d'autres avec sa nature impressionnable et maladive.

Vers quelle époque Laurent Cousin se remaria-t-il ? Il est à croire que Germaine était déjà grandette, car, pour si cruelle que paraisse cette seconde femme de son père, cette marâtre dont l'histoire ne nous transmet pas le nom, elle ne pouvait torturer, ainsi qu'elle le fit dès le premier jour, une petite enfant. Malgré son indifférence, Laurent n'aurait pas laissé faire sa femme et nous n'aurions peut-être pas à enregistrer aujourd'hui la bénévole douceur, l'héroïque patience, avec lesquelles la fille de Marie Larroque supporta les horions de sa tortionnaire.

Oh ! certes, dès que son père eut introduit dans son foyer, par le lien légitime du mariage, cette vitupéreuse compagne, la vie de Germaine changea. Jusqu'alors, elle était la petite maîtresse à la ferme. Son père, travailleur laborieux et intrépide, n'y rentrait que le soir. Et c'était fête pour l'enfant souffreteuse de sentir la caresse paternelle, dans la douce atmosphère du nid familial, se poser sur son front endolori. Les soins intérieurs de la maison lui étaient dévolus, avec la garde du troupeau pendant une partie du jour. J'ai vu cette cuisine de famille où, jeunette, elle évolua, occupant ses mains faibles et délicates, dont une était atrophiée, aux travaux du ménage, en attendant le retour du père, dont elle polissait l'âme un peu rustre, d'un affectueux sourire.

Mais la nouvelle maîtresse perçut trop, dès son entrée, la main de Germaine partout. Elle crut voir de l'hostilité là où il n'y avait que de la douceur. Voulant être seule à régner, à commander, elle élimina cette pécore gênante. Son infirmité, au lieu de l'attendrir, activa l'aigreur, la cruauté de cette femme. Il y avait danger, disait-elle, à voir rôder autour de soi une scrofuleuse dont les plaies suppuraient, dont la pâle figure aux yeux larmoyants évoquait une perpétuelle tristesse.

Non! Germaine ne connaîtra plus ni le baiser qui calme, ni les soins qui atténuent. Le foyer, dès lors, devient un repaire où vit l'hydre, et la pauvre enfant, exilée du Bien, honnie de la table familiale, oubliée de son père, s'isola, dans ses humbles fonctions de pastoure. Elle vécut de pain sec et d'eau, coucha, pendant les longues nuits d'hiver, sur la paille humide de la bergerie.

Abîmée dans sa douleur, souffrant à crier, l'âme vide, seule avec sa nature sans culture, ne sachant ni penser ni agir, la folie fût venue s'emparer de son être en loques, et le broyer peut-être dans les égarements des actes inconscients.

C'est alors que Dieu vint.

*
* *

Ainsi que le commun des mortels, les saints naissent avec tous les instincts mauvais, toutes les tares originelles, dont la première faute vicia notre organisme et pollua notre âme.

Si le baptême, avec toute la force et toute la puissance sacramentelle dont il est investi, efface la tare première et corrige l'âme en la prédisposant à la réception de toutes les vertus, en l'aiguillant vers le Bien et le Beau, il n'arrache pas du corps les conséquences terribles de la tache adamesque. Et le petit chrétien, prêt, en cas de mort, à devenir l'ange des célestes demeures, apte au ciel, reste, sur terre, livré à tous les penchants vicieux, se pare de tous les caprices, de toutes les mauvaises inclinations, comme une terre sans culture se couvre de vilaines herbes inutiles et même dangereuses.

Dès lors, ceux d'entre les mortels qui, d'un élan vigoureux, d'une volonté prodigieuse, attirent Dieu par la beauté de leur ardeur, la générosité de leur lutte, la pureté de leur flamme amoureuse, et ravissent le ciel, les saints, en un mot, passent comme les autres par ce laminoir d'infamie. Ils doivent se torturer le corps, se tréfiler l'âme, pour franchir la limite de l'ornière naturelle, pour se dépouiller de la gangrène ancestrale ; ils doivent aussi se térébrer l'esprit, pour que le pus des pensées obscènes, la lèpre des désirs, la boue des germes malsains s'en aillent, fusent, par les fissures béantes, et que la lumière divine baigne et purifie le temple restauré de l'âme, postulante du ciel.

Parfois, la souffrance matérielle, dont le dard acéré se forme dans l'embryon de vie, au sein même de la mère, et poursuit l'Etre jusqu'au seuil de l'Eternité, où finit son empire, dispense des purificatoires tortures, de ces bains de douleur sanglante, où l'âme, raidie dans les spasmodiques sanglots de l'agonie des tares, s'éveille légère et lumineuse à l'aube des vertus naissantes. Car la douleur imposée, et généreusement acceptée, en vue d'un bien plus grand que la guérison, suffit à la pleine et entière sanctification, lorsque la volonté s'abandonne et se plie, confiante et soumise, à la divine sagesse.

Il en fut ainsi pour Germaine.

Cette enfant, au naturel doux et candide, attira de bonne heure le regard de Dieu. Quand, sous sa misérable et maladive écorce de chair, l'âme cria sa douleur dans la solitude de ses nuits sans caresses et sans soins, Dieu l'entendit et sa main divine sanctifia ses tortures physiques et envoya à la pauvre fille délaissée un rayon de paix consolatrice, inondant son cœur d'une joie infinie.

Telle une fleur mal venue, humectée par la rosée des nuits, s'ouvre sous la fécondante caresse du soleil, et, hier rachitique bouton, apparaît aujourd'hui rayonnante ainsi qu'un bijou d'art ciselé dans une gloire de couleurs, l'âme de Germaine s'ouvrit et exhala, dès le premier instant de son élection, le suave parfum des grâces dont le Seigneur l'ornait.

— Tout est dans la nature. L'art et le sentiment, comme une gamme imagée, féconde en accords sonores, y jouent l'éternelle cantilène de la Beauté. L'azur fluide aux lacs de neige, l'ambre opalin des monts et les violâtres contours des horizons lointains, s'unissent par les invisibles fils d'or des harmonies aux cimes des chênes, aux fleurs éparses dans les gazons, aux sanglots des sources cachées dans le creux des rochers et dans l'ombre discrète des vallons.

Et cette enfant inexperte à penser, mais dont l'âme, aimante et docile, se modelait, comme une cire molle, aux desseins de son Créateur, saisit toute cette beauté de la Création.

La nature, cette pensée inerte, pleine de vie, où germe la manne matérielle de l'homme, fut son initiatrice et son éducatrice. Dans cette âme, préparée par l'épreuve de la douleur, la vertu germa comme la fleur pousse. La contemplation des richesses naturelles de la terre Languedocienne, des agrestes harmonies, attira sur ses lèvres la prière, semée dans son cœur par les enseignements du pasteur, au prône du Dimanche. Et l'idée du Dieu créateur et bon, du père miséricordieux, s'offrit à son esprit, à son cœur emperlé par la rosée de la grâce, dans le cadre étincelant des haies en fleurs, des gazons diaprés, des bois odorants.

— Comme Salaun, le Fou-du-Bois « Folgoët », dont la légende Armoricaine nous a conservé l'édifiant récit de la vie sainte, se sanctifia en chantant pendant toute sa vie le seul nom de Marie : *Ave Maria* (1), dans les bois ; ainsi Germaine, la petite infirme de Pibrac, sanctifia sa vie dans les champs, en récitant son Rosaire, trouvant dans les noms de Jésus et de Marie toute la suavité désirée par son âme simple. — Douce poésie des humbles, grandeur ineffable des cœurs simples, qui vous célébrera dignement ?

La première Communion fut pour Germaine une révélation. Jusqu'alors, son âme, malgré le penchant naturel qui la poussait vers Dieu, n'avait point connu la douceur du véritable amour. Mais dans la possession complète de son sauveur, la petite âme se fondit en un de ces élans qui donne et lie à jamais à l'objet aimé.

Aucune diversion ne devait désormais être capable de la séparer de son Dieu. L'amour avait allégé son corps de sa continuelle souffrance, non en la faisant disparaître, mais en lui apprenant à la supporter avec mérite, en lui enseignant le secret de la joie dans la douleur, en union avec le divin crucifié du Golgotha.

Les champs et les bois, où elle passait toutes les heures de la journée, lui remplissaient l'âme de paix. « Elle admirait avec un cœur pur, nous dit un biographe, tout ce qui s'offrait à ses regards dans la solitude ; depuis l'herbe qui croît en silence et se pare de ses fleurs jusqu'au soleil éblouissant qui verse des torrents de lumière sur l'heureuse contrée qu'elle habitait et tout la jetait dans les saints et sublimes ravissements. »

Pendant que les haines religieuses, déchaînées par un renégat impudique sur un monde sensuel et orgueilleux, préparé au schisme par le vice, mettaient à feu et à sang les villes des provinces méridionales,

(1) *Ave Maria*, en breton : O itroun guerhez Vari.

anéantissant des familles, créant des divisions et engendrant des rancunes dont l'histoire porte encore la marque vengeresse, cette petite bergère, ignorante du savoir intellectuel, méritait l'éternelle couronne par une vie de patience héroïque et d'inaltérable douceur.

*
* *

Dieu, dont la volonté sainte suscite les plus minces événements et parfois des instruments réfractaires à sa loi, pour éprouver et sanctifier davantage les élus qu'Il veut ravir tôt à la terre, semblait avoir délégué, chez Laurent Cousin, sa seconde femme pour être le pilon dans lequel Il voulait broyer Germaine, afin de la rendre plus apte à s'identifier à Lui.

De fait, il n'est épreuve que cette mégère n'ait fait subir à sa belle-fille.

Après l'avoir chassée du foyer familial, où il ne lui était jamais, et sous aucun prétexte, permis de pénétrer ; séparée de ses frères et sœurs, que les plaies de son cou, tout strié d'écrouelles, eussent pu contaminer, elle lui imposait, en hiver comme en été, de rester toute la journée dans les champs, avec son troupeau. Pour toute nourriture, elle lui donnait un morceau de pain noir, dont la bergerette distribuait souvent la totalité aux pauvres. De plus, sa marâtre lui traçait le travail à faire chaque jour, la laine à filer, afin de ne pas lui laisser le temps de se rendre à l'église pour prier, consolation unique de la pauvre infirme.

Et quand, le soir venu, elle rentrait avec son troupeau, brisée de fatigue, souffrant à crier, il ne lui était point permis de réchauffer au bon feu de l'âtre ses membres las.

On lui jetait un morceau de pain noir, et elle gagnait péniblement sa soupente, son dessous d'escalier, trou insalubre, où elle se reposait sur des brindilles de sarments, dans l'humide chaleur de la bergerie, et les courants d'air glacé des portes disjointes.

Le père, faible et insouciant, semble s'être fort peu préoccupé, pendant toute sa vie, de sa fille aînée. Pour si indulgent que l'on puisse se montrer à son égard, il est bien permis, sans toutefois tomber dans les exagérations de certains historiens, qui lui font même un crime de son second mariage, de le juger sévèrement.

Mais, s'il eut fait son devoir de père et exonéré Germaine de la tyrannique tutelle de sa marâtre, nous n'admirerions pas aujourd'hui tant d'héroïques vertus.

Dans le village de Pibrac, où Germaine était aimée, car l'éclat de ses vertus rayonnait autour d'elle, des esprits médisants, à l'instigation de la méchante femme de son père, la qualifièrent, avec un méprisant sourire, de « bigote ».

Pour venger la vertu outragée, Dieu manifesta alors la sainteté de sa servante par plusieurs faits miraculeux. Chaque matin, Germaine quittant, avec son troupeau, la ferme de son père, dès l'apparition de l'aube, le conduisait dans une prairie voisine du village, appelée « le Cavé », et s'en allait à l'église, après avoir planté sa quenouille à l'endroit où paissaient ses brebis.

Les dociles animaux se réunissaient, pendant l'absence de leur gardienne, autour de sa quenouille, et paissaient sans s'en éloigner plus qu'ils ne l'eussent fait si elle eût été présente.

Pour aller à l'église, il fallait traverser le ruisseau le « Courbet ». En temps ordinaire, la bergère le franchissait à pied sec, sur des pierres posées de distance en distance.

Un jour, le Courbet, débordé après un violent orage, roulait en tumulte des eaux limoneuses, des flots salis, charriant des racines d'arbres et des varechs sablonneux. Des passants, voyant Germaine, sans souci de l'obstacle, s'avancer vers le ruisseau, souriaient ironiquement de sa naïveté et attendirent pour jouir de sa confusion.

La pieuse jeune fille arriva bientôt près des eaux. Et celles-ci, comme autrefois les flots de la Mer Rouge s'ouvrirent devant les Hébreux fuyant la colère de Pharaon, se séparèrent, s'élevèrent en mur liquide, offrant à la vierge un passage à pied sec.

Les curieux, stupéfaits, publièrent le miracle dans le village, et les médisants, confondus et humiliés, mirent une sourdine à leurs ineptes railleries.

Cette manifestation de la puissance divine en faveur de celle qu'on qualifiait d'ignorante bigote, changea les dispositions générales des cœurs en sa faveur. Les enfants vinrent à elle ; elle les instruisit, leur parla de Dieu, accomplissant ainsi, dans le rayon étroit où s'écoulait sa vie, son modeste apostolat.

A l'église, elle priait avec une ferveur de séraphin, diluant son âme aux pieds de son créateur, dont l'amour la possédait toute ; lui offrant, comme un holocauste de louange et d'expiation, son pauvre corps perclus, térébré de maux divers, rendu plus vibrant de douleur par les privations et les pénitences volontaires dont elle crucifiait sa chair virginale.

A la table sainte, parfois, une douce lumière auréolait son front, et laissait aux assistants pour lesquels elle était visible, une grande, une inexprimable paix dans le cœur.

Ainsi Germaine, par le sentier de la perfection évangélique, s'avançait dans la vie « dévouée à la vraie et pure religion, divinement animée de l'esprit de sagesse et d'intelligence, se distinguant par la pratique des plus excellentes vertus » (1).

Mais, la plus belle merveille accomplie par le Seigneur, du vivant même de Germaine, pour récompenser sa charité, fut le miracle des Roses.

Cette scène, superbe et consolante, pleine de mystérieux enseignements, célébrant si magnifiquement le précepte de l'aumône, que l'orgueil moderne trouve insultant pour son égoïsme, mérite d'être racontée à nouveau dans ses moindres détails.

L'inépuisable dévouement de Germaine envers les malheureux et les déshérités de la vie, la rendait ingénieuse pour leur être utile et secourable. Non contente de leur distribuer le pain qu'on lui remettait chaque jour pour sa nourriture, elle ramassait pour eux les miettes de la ferme, les morceaux qu'on laissait, etc. Elle les mettait de côté pour les distribuer à l'occasion en plus grande abondance.

Sa marâtre, haineuse et jalouse, surtout depuis que lui avait été rapporté le miracle du Courbet, non pour y avoir ajouté foi, mais pour la sympathie et le respect dont on entourait Germaine depuis, la guettait chaque fois qu'elle sortait de la ferme, résolue, le jour où elle la trouverait emportant un surplus de sa ration journalière de pain, à lui administrer une correction dont le souvenir calmerait son ardeur à secourir tous ces mendiants.

Un jour, que Germaine, heureuse d'avoir pu augmenter la ration quotidienne de morceaux de pain, s'en allait, par un sentier ombreux, jusqu'à un bouquet de bois, où, près d'une croix de pierre, étaient

(1) Bref de S. S. Pie IX pour la béatification.

réunis quelques pauvres, attendant leur bienfaitrice, sa marâtre la suivit, armée d'un bâton.

Au moment où la bergère, ayant rejoint ses pauvres, allait leur distribuer son pain. cette méchante femme la frappa de grands coups de bâton, en les agrémentant de haineux reproches, d'injures grossières. Puis, d'un mouvement brusque, elle ouvrit le tablier de Germaine.

Au lieu du pain noir de la ferme, du pain sec délaissé par la famille, il en tomba des fleurs magnifiques, splendidement épanouies et répandant un délicieux parfum.

Or, on était alors au cœur de l'hiver, et ces fleurs étaient totalement inconnues dans le pays.

Confuse, stupéfaite, frappée d'une inexprimable frayeur, la mégère courba le front devant le miracle, lâcha son bâton, et s'en revînt, honteuse, à la ferme.

Germaine avait laissé tomber le pan de son tablier qu'elle tenait encore, et les mains jointes, les yeux noyés de larmes levés vers le Ciel, elle suppliait Dieu de pardonner à sa persécutrice, et d'éloigner de son cœur tout sentiment de suffisance pour la faveur dont il lui plaisait de la combler.

Et les pauvres étaient à ses pieds, ramassant les fleurs miraculeuses, qu'ils emportèrent dans leurs cabanes, comme des trésors inestimables, et répandirent partout la merveille dont Dieu avait honoré la charité de Germaine.

Quand, le soir, en revenant des labours, le père apprit le nouveau miracle fait en faveur de Germaine, une grande tendresse fondit son cœur, envahi aussitôt par la tristesse. Il se reprochait son indifférence envers sa fille aînée, et, son souvenir remontant le cours des jours, il voyait flotter devant lui l'image fidèle de sa première femme, de la mère de Germaine, et le cœur rajeuni du paysan rustique creva en un torrent de larmes.

En arrivant à la ferme, il demanda Germaine. Elle vint à son appel ; quand elle fut devant lui, le pauvre père voulut tomber à ses genoux. Mais Germaine prévenant ce mouvement, se jeta dans ses bras. Le père et la fille, depuis si longtemps séparés, restèrentl ongtemps enlacés, savourant, pour la première fois, peut-être, la douceur de la tendresse familiale, du baiser qui unit les cœurs sous le regard de Dieu.

La marâtre, se rendant compte, un peu tard, de l'indignité de sa conduite, changea d'attitude, et Germaine n'eut plus à souffrir de sa part les horions habituels. L'indifférence seule persista.

***

J'aime à me représenter Germaine priant au pied d'une croix solitaire, au milieu des plaines silencieuses. Il semble que, dans ce cadre agreste, tout fleuri d'arômes et doré de rayons, son âme simple, fermée aux aspirations vagues, aux rêves imprécis, s'ouvre tout entière, dans l'expansion de son amour, jailli dans un élan, et laisse transparaître sur son visage un reflet de sa beauté sainte, de sa lumineuse pureté.

Il nous est permis, à défaut de documents précis, de fixer la physionomie des saints, d'après les pays où ils naquirent, le milieu dans lequel s'écoula leur existence, et leur formation naturelle, sociale et intellectuelle.

Le portrait d'une fille des champs, élevée, comme le fut Germaine, dans la douleur et l'adversité, formée par la nature, ornée par Dieu de la parure de la grâce, peut tenir en deux mots : douceur et bonté.

Au privilège naturel, à la grâce élective, dont le mérite suffirait pour conquérir l'éternelle gloire, viennent s'ajouter, pour notre petite bergère Languedocienne, les vertus propres à la race à laquelle elle appartient ; à cette âme latine, généreuse et fière, combative et contemplative, à la fois, fougueuse, simple et bonne, parée des mille beautés méridiennes, telle une pierre précieuse taillée de multiples facettes, reflétant chacune un éclat différent du rayon intérieur. — Je trouve, d'ailleurs, tous ces caractères distinctifs, ombrés de modestie ou baignés d'une glorieuse lumière, dans les figures de la sainte, brossées par les peintres, ciselées par les sculpteurs, magnifiées dans les verrières ; caractères nettement affirmés, ennoblis par la sainteté, dont l'auréole les pare d'une beauté surnaturelle, pleine de majesté. — Notre gracieuse bergère porte sur son visage, dans la structure un peu vulgaire, mais éminemment expressive, de ses traits, dans la courbe noble de l'arcade sourcilière, dans la ligne du front et du nez, dans l'ovale régulier de l'ensemble, les particularités physiques de sa race.

Malgré les tortures scrofuleuses, les déformations de la souffrance, les brutalités qu'elle endura avec une angélique résignation, les ravages des austérités, la laideur des plaies dont elle fut toute sa vie la silencieuse victime, son pauvre visage, émacié, garda, avec l'expression vigoureuse d'une volonté éclairée, son agréable sourire et sa noblesse latine, comme elle en portait dans son cœur la force patiente, la douceur inaltérable et la généreuse ardeur.

Mais, dans la dure captivité de ce corps laminé par l'épreuve, l'âme vibrait sous l'impulsive charité qui la révélait, l'élançait hors d'elle-même, jusqu'au dévoûment absolu, jusqu'au sanglant sacrifice, jusqu'à Dieu, principe et fin de tous les actes de son obscure vie.

L'humilité de son origine la tenait cachée dans un creux de vallon, comme un frêle roseau, comme une fleur souffreteuse dont le Seigneur protégeait la débilité, qu'il tenait dans sa main, et dont son éternelle bonté fit un rayon de vertu, une étoile d'amour, un orbe de gloire.

Cette âme forte, dont la bénévole douceur, l'endurance héroïque, le pacifique courage, surprennent, stupéfient nos âmes modernes, qui ont désappris les lois de la discipline morale, l'austère beauté du sacrifice, la grandeur de l'humilité, cette âme, dis-je, ne pouvait longtemps supporter le fardeau de ce corps malade, blessé de déformations, taré de rachitisme, loque mouvante, dont chaque jour épuisait de plus en plus la vitalité.

Pleine de mérites, comblée de grâces par le ciel jaloux, parée des méritoires œuvres de sa vie, mûre à vingt ans pour la gloire éternelle, la fille de Laurent Cousin avançait à grands pas vers le but de sa course.

Le jour — ou plutôt la nuit — et l'heure de sa mort lui furent, — notent les historiens — révélés par son ange gardien. En tout cas, elle sut en garder le secret dans son cœur, ne voulant pas, sans doute, que les siens, dont l'indifférence l'isola du foyer, troublâssent à l'heure suprême, par des regrets menteurs et d'hypocrites larmes, la venue de l'Epoux divin.

Un soir d'été, après son vingt-deuxième printemps, Germaine, plus lasse que d'habitude, l'âme filtrée de lumière, bercée par d'aériens murmures, se coucha sur son rude grabat de paille humide et de brindilles, dont les bouts lui entraient dans la chair, labouraient ses reins, les striant de raies de sang.

Bientôt, des accords séraphiques se définirent, s'affirmèrent, lui noyant l'âme d'une soudaine joie. Une lumière, d'abord pâle, brilla et près d'elle, resplendissant dans sa tunique blanche, son ange gardien lui souriait. Sa main tenait, avec une respectueuse déférence, une branche de lis.

Les murs étroits de la soupente avaient disparu ; tous les objets extérieurs s'effaçaient devant le brillant cortège qui venait des cieux. Seuls, les agneaux, dans la bergerie, restaient visibles. Témoins et compagnons de la pieuse enfant pendant sa vie, ils devaient l'être aussi de sa mort.

Une longue théorie de vierges apparut et s'approcha de la couche de Germaine en demi-cercle, laissant au devant d'elles un espace libre.

Elles étaient vêtues de robes bleues et roses, bordées d'orfroi, semées d'étincelantes gemmes, dont les éclats fulgurants couraient sur les robes.

Leur main gauche, chastement posée sur leur poitrine, y retenait les coins d'un léger voile d'or qui descendait de leur front couronné de roses. Leur main droite tenait une branche de lis dont la fleur épanouie jetait d'éblouissants éclats.

A leur suite, Reine idéale de ce féerique cortège, la Vierge s'avançait. La mère de Jésus était vêtue de blanc, d'une robe de flammes fluides. Les cheveux, en longues tresses, retombant dans le dos, étaient ornés de pierreries, dont les facettes jetaient d'éblouissantes lueurs. Sur son front brillait un cercle d'or élevant une petite croix. Son pur visage de virginale madone était auréolé par un nimbe d'étoiles.

Dans ses mains, Marie tenait une couronne de roses blanches, pareille à celle des saintes qui l'accompagnaient. Elle s'approcha de la moribonde Germaine, dont l'âme, agenouillée dans son pauvre corps couché, se tendait vers elle, et lui posa la couronne sur le front. Puis, prenant des mains de l'ange la branche de lis, elle la lui plaça dans ses mains, en l'invitant, de sa voix suave et harmonieuse, à se joindre au cortège et à la suivre dans l'éternelle béatitude des cieux.

Après le départ de la Reine des anges et de sa virginale escorte, dont la venue au chevet de la bergère mourante fut révélée le lendemain par deux religieux voyageurs qui eurent le privilège de la voir et en rendirent témoignage, le corps de Germaine, désormais privé de vie, veuf de son âme, se para de toutes les grâces naturelles à cet âge, resplendit d'une douce clarté, exhala un délicieux parfum.

Lorsque, au soleil levant, Laurent Cousin, surpris de trouver encore les brebis dans la bergerie, de ne pas voir sa fille aînée levée comme d'habitude, s'approcha de la soupente, il la trouva endormie pour toujours.

Ainsi mourut cette humble fille, cette pauvre bergère, dont la vie fut un tissu de souffrances, et qui sut mériter, par une douceur angélique et une patience véritablement héroïque, la gloire éternelle à 22 ans.

S'il est des âmes dont la sainteté ait davantage émerveillé le monde par de miraculeuses prouesses et d'éclatantes vertus, il n'en est point qui aient, à un aussi haut degré, pratiqué la vertu de résignation et accepté si bénévolement l'épreuve.

Les funérailles de Germaine furent son premier triomphe, sans toutefois qu'aucun fait surnaturel signalât à ses détracteurs et à ses amis la gloire dont elle avait acquis le bénéfice.

« La sainte est morte » ! était le cri volant de bouche en bouche dans Pibrac. Et quand ses restes mortels furent descendus dans la tombe de sa famille, laquelle, par un privilège dont nous ignorons l'origine, se trouvait dans l'église même de Pibrac, cette petite bergère ignorée, méprisée, fut regrettée de tous et pleurée par les siens.

On était alors en 1601, sous l'épiscopat du cardinal de Joyeuse, archevêque de Toulouse, et sous le règne d'Henri IV, roi de France.

*
* *

Je ne puis noter, dans le cadre étroit de cette biographie, toutes les merveilles que Dieu a fait éclater autour des restes sacrés de sa pauvre petite servante, ni narrer tous les miracles jaillis des trésors éternels par l'intercession de Germaine.

Il y aurait, dans cette relation, matière à un gros volume. — Je me bornerai donc à mentionner les principaux faits, manifestement miraculeux, qui se produisirent depuis sa mort, surtout au XIXe siècle, et amenèrent sa glorification, renvoyant, pour les autres détails et la narration complète de toutes les merveilles, aux *Vies* de la sainte.

En 1644, 43 ans après la mort de Germaine, Dieu manifesta au monde la sainteté de sa servante.

Il semble étrange, de prime abord, que, non seulement Dieu n'ait pas *manifesté* la gloire de Germaine dès l'instant de sa mort, mais encore ait attendu 43 ans avant de la révéler.

Nous devons considérer la sagesse éternelle du Créateur et ne point juger ses desseins d'après la faiblesse de notre nature. Il a agi envers ses saints de façons différentes, suivant les temps et les lieux, les besoins, qui doivent se subordonner à la marche ininterrompue de son immuable loi, leur laissant, quand il le faut, l'éclatant bénéfice des vertus naturelles, des mérites héroïques, des glorifiés.

Non seulement, comme l'a noté M. de Montalembert dans ce bijou d'art ancien, dans ce chef-d'œuvre de filial amour et de clarté précise, qu'est sa sainte Elisabeth de Hongrie, « il semble que, dans sa paternelle sollicitude, le Seigneur ait voulu mettre toujours l'humilité des saints sous la protection de l'oubli ou des injures de ce monde, jusqu'à ce que leur dépouille mortelle reste seule exposée aux dangereux hommages (1) », mais encore il permet que leurs mérites soient ignorés après leur mort, laisse leurs restes mortels, sanctifiés par la pénitence et les larmes, dans l'anonymat des tombes, pour les en faire jaillir à son heure avec plus d'éclat, et manifester ainsi, pour le bien éternel des âmes, et leur glorieuse destinée et son inépuisable et toujours jeune puissance.

L'invention miraculeuse du corps de Germaine eut donc lieu en 1644. A cette époque, mourut à Pibrac une de ses parentes, une certaine femme Endoualle. Sans doute entre les années 1601, date de la mort de notre sainte, et 1644, de l'invention de son corps, d'autres membres de sa famille, son père, par exemple, furent ensevelis dans le même lieu, et, par conséquent, au-dessus d'elle.

Cette remarque rend la trouvaille plus intéressante, parce qu'elle revêt un caractère plus nettement miraculeux.

En soulevant les dalles qui formaient le pavé de l'église au-dessus du tombeau de la famille Cousin, pour l'inhumation de la femme Endoualle, le fossoyeur mit à découvert le corps d'une jeune fille en parfait état de conservation. La pioche lui avait même enlevé une parcelle du nez.

(1) *Sainte Elisabeth de Hongrie*, ch. xxx,

Tous les membres étaient parfaitement conservés et adhérents, la chair molle ; le visage avait gardé toute sa sérénité, et avait la transparence dorée d'une figure de marbre éclairée par le soleil. On eut dit ce corps endormi par faiblesse, toutes les énergies vitales étant absorbées par l'âme, plongée dans une profonde méditation.

Les fleurs et les épis dont on avait couronné sa tête au jour de ses funérailles, n'avaient rien perdu de leur couleur. Les vêtements et le suaire avaient aussi conservé leur intégrité.

A la difformité de la main et aux cicatrices du cou on reconnut la fille aînée de Laurent Cousin, et cette découverte attira un grand concours de peuple, dont plusieurs contemporains de la sainte enfant qui la reconnurent et narrèrent sur sa vie d'intéressants détails.

C'est alors que se produisit le premier grand miracle de Germaine.

Les comtes de Beauregard possédaient, dans l'église de Pibrac, un banc seigneurial. Or, le corps de Germaine avait été placé près de ce banc, dans un cercueil ouvert, au pied de la chaire. Ce cadavre incommodant la comtesse, elle manifesta le désir de le voir éloigner de son banc.

Le lendemain, elle éprouva une douleur violente au sein droit, et l'enfant qui venait de lui naître refusa de le prendre. La science se montra impuissante à la guérir.

Son mari lui suggéra alors l'idée de se placer sous la protection de Germaine, le mépris qu'elle avait fait des restes miraculeusement conservés de la bergère lui valant peut-être ce mal terrible.

La comtesse se mit aussitôt en prière.

Au milieu de la nuit, s'étant éveillée, elle vit une grande lumière, et bientôt la bergère lui apparut, environnée de gloire, parée de ses habits d'autrefois, singulièrement ornés de gemmes fabuleux. Elle l'assura de sa guérison.

Dès ce moment, en effet, l'ulcère disparut, l'enfant reprit le sein, et la Comtesse répandit la merveille qui excita partout la plus vive admiration.

Par étapes glorieuses, marquées chacune par de nouveaux miracles, d'éclatants prodiges, dont l'écho porta la cause de Germaine devant les juridictions ecclésiastiques, on arriva à la Révolution française.

Epoque triste! mœurs sanglantes et sacrilèges, où des iconoclastes et des sournois destructeurs allèrent jusqu'aux plus infimes hameaux pour détruire les plus respectables traditions et jeter au vent les restes vénérés des glorifiés du Seigneur.

Le corps de Germaine n'échappa point à la haine des révolutionnaires, et le nom du député qui reçut la triste mission de le profaner reste cloué au pilori de l'histoire. Il s'appelait Toulza, était de Toulouse, où il exerçait le métier de fondeur de poteries d'étain.

Il se rendit donc à Pibrac et fit jeter le corps de la bergère dans une fosse creusée dans la sacristie, et remplie de chaux vive. Les malheureux qui acceptèrent d'exécuter, sous ses ordres, cet acte criminel furent, par la suite, cruellement punis. La main de Dieu s'appesantit sur eux et les frappa de maux mystérieux.

Quand la paix religieuse eut été rendue à la France par le Concordat, on s'occupa de rechercher les précieux ossements. Retrouvés dans un état relatif de conservation, ils furent placés dans une châsse qu'on laissa dans la sacristie.

— L'introduction première de la cause en cour de Rome date de 1845. Les postulateurs furent, d'abord M. l'abbé Berthier ; ensuite,

M. l'abbé Estrade, chanoine de Toulouse, créé cardinal, dans la suite, par le pape Pie IX.

Les miracles, après l'examen desquels l'Eglise proclama Germaine Bienheureuse, furent au nombre de quatre :

1° Multiplication miraculeuse *de la pâte au couvent du Bon-Pasteur, à Bourges* ;

2° Multiplication miraculeuse *de la farine au même couvent.*

3° Guérison de Jacquette Catala, *d'un rachitisme.*

4° Guérison de Philippe Luc, *d'une pustule gangréneuse.*

La fête de la Béatification eut lieu à Rome le 7 mai 1854.

Pour la canonisation, les miracles appelés à l'examen furent les suivants :

1° Lucie Noël, de Revel : *guérison de douleurs au genou droit, engorgement des glandes du pli de l'aine, relâchement des muscles, luxations au fémur.*

2° Françoise Huot, de Bonnecourt : *Ramollissement de la moelle épinière.*

Elle fut canonisée par le Pape Pie IX le 29 juin 1867.

Par degrés successifs, toute rayonnante de gloire et de beauté céleste, image idéale de douceur et de charité, l'humble bergère de Pibrac est montée sur les autels chrétiens. En l'inscrivant sur son martyrologe, l'Eglise, interprète fidèle des désirs de son divin fondateur, gardienne infaillible de l'immuable loi, a confirmé le culte que lui rendaient, au fond du cœur, les exaucés, et proclamé son éternel triomphe.

La liturgie catholique chante en son honneur des hymnes de louanges au Seigneur, et là-bas, dans son petit village, un temple magnifique enveloppera bientôt, dans les arcs gracieux de ses voûtes sonores, l'humble église où la sainte pria, et la châsse glorieuse où reposent ses restes précieux.

Petite âme, ouverte à la vie terrestre dans les fraîches campagnes du Languedoc, merveilleusement éclose dans la douleur, et parée par la rosée de ses larmes pour l'aube de l'Eternel bonheur, notre gracieuse petite sainte reste, dans le mystérieux éloignement du passé, comme une douce image de paix et de foi, dont le suave rayonnement embrasse trois siècles. Elle est, de plus, par la simplicité de sa vie, la preuve toujours actuelle de ce que peut la vertu humblement pratiquée, de ce qu'obtiennent la stricte observance des devoirs d'état, le support patient des épreuves ; en un mot, la discipline de la volonté.

Et cette sévère et admirable leçon nous est donnée par une pauvre petite bergère !

AU PAYS DE SAINTE GERMAINE

PREMIÈRE PARTIE

Pibrac.

CHAPITRE PREMIER

ESQUISSE A VOL D'OISEAU

Sous le ciel du Languedoc, dont la pure transparence laisse le regard plonger jusqu'en ses profondeurs infinies, peuplées d'astres, ombrées d'azur fluide, au milieu d'un paysage agreste et mélancolique de plaines et de hauts plateaux, sur le versant mourant d'une colline, s'élève le petit village de Pibrac.

Vers le sud-est, la route, morne et grise, s'allonge entre deux étroites bandes de gazon vert, maigre et ras, ainsi que de la frisure de mousse.

Le vent d'autan, capricieux et têtu, y soulève sans cesse d'épaisses colonnes de poussière et laboure le sol de son tourbillon en vrille.

A l'entrée du village, la borne kilométrique porte le n° 17 incrusté dans sa pierre, comme distance légale de Toulouse. Et quand le ciel se pare de sa clarté bleue, baignée de lumière, et que la brise des montagnes protège la fluidité de l'air ensoleillé contre l'envahissement des poussières d'autan, l'œil aperçoit à l'horizon, dans le poudroiement de la buée du fleuve, les flèches dorées, les fières coupoles et les nombreux campaniles, de la bruyante et poétique cité des Capitouls.

L'or des croix flamboie sous le baiser de feu du soleil, et brille ainsi que des étoiles piquées à la pointe des flèches ; la brise apporte, dans un vague murmure, l'écho prolongé des chants et des rires, la rime échevelée des amours, la fusée des satires pétillantes d'esprit, le rythme sonore des arts vainqueurs, comme une fine poussière d'or et de soleil jetée dans l'air léger par les enfants de Clémence Isaure.

Humble hameau, aux maisons basses et pauvres, à demi voilées dans les arbres des jardins, le nom du petit village de Pibrac brilla un jour dans l'histoire sur le front d'un homme de génie (1).

Mais, malgré tout l'éclat de cette soudaine gloire, dont le brillant sillage, comme tout ce qui est éphémère, finit sur le marbre d'une tombe, son nom fut à jamais retombé dans l'oubli sans l'héroïque vertu de la pauvre bergère, dont le triomphe posthume dépasse la gloire du poète des *Quatrains* et promet à son berceau un renom immortel.

— *Germaine Cousin*, plus connue sous le nom de sainte Germaine de Pibrac, naquit, en effet, dans une ferme des environs, en 1579.

Sur la cime du plateau, la vieille église, curieuse avec son abside

(1) Guy du Faur de Pibrac, dont on lira plus loin la biographie.

hexagonale, et dominant les alentours avec son clocher original, se dresse au milieu des habitations groupées autour d'elle.

Au-dessous de la maison de prière, sur le flanc du coteau, au sein d'un parc de vaste étendue, dont l'asphodèle bleu décore la solitude et qu'ombragent les fines aigrettes des pins aux striures d'or et le feuillage léger des tilleuls aux teintes de métal patiné d'argent, s'étale l'antique manoir des comtes du Faur de Pibrac.

Sombre et fière comme la légende et le passé dont elle évoque les souvenirs, étrange presque, au milieu des pauvres maisons, la demeure seigneuriale forme le piédestal majestueux de la maison de Dieu.

Au pied de la colline, le ruisseau le *Courbet* serpente sur un lit de sable fin et d'algues, sous l'ombre transparente et quiète des vernes et des hauts buissons d'aubépine, laurés de chèvrefeuille. Un peu plus loin, il se joint à l'*Ausonnelle*, avec un remous d'écume argentée, pailletée d'étincelles, telles des frissures de duvet semées d'éclats de perles.

Sur les berges du ruisseau, d'étroites prairies étendent, entre d'épais bouquets d'arbres, leur vert manteau émaillé de fleurs riantes : l'aspérule et le bouton d'or égaient l'émeraude, lustrée çà et là de bouquets de joncs, et jettent sur la fine mosaïque des pâquerettes les doux reflets de leurs corolles nacrées de mille couleurs, où brillent des gouttes de rosée.

Une double rangée de hauts peupliers ombrage ses rives si délicieusement fleuries ; le vent d'autan berce leurs longs panaches verts et son bruissement imite le bruit de la houle d'une mer invisible et prochaine.

— Le Courbet a sa page de gloire dans les actes de sainte Germaine : un épisode de sa vie nous le montre, débordé à la suite d'un violent orage, retenant ses flots torrentueux et ouvrant à la bergerette un passage dans son lit. — Il y a bon nombre de faits analogues dans la vie des saints.

Le ruisseau, transformé en torrent par l'eau de grêle, ouvrant ses ondes dévergondées et bourbeuses au devant de Germaine, pour lui permettre de se rendre à l'église, et la transmutation du pain d'aumône en roses fleuries, miracle de grâce et de fraîcheur candides, dont la vie d'une autre jeune sainte nous offre, entre autres, le rayonnant exemple (1), sont les deux plus belles merveilles de la vie de la petite bergère.

Autour de Pibrac, sur la plaine et les coteaux, ponctuant de leurs couleurs sombres et vives la nappe verte des prés et l'immense vague des blés à l'aigrette légère, ainsi qu'un frisselis de dentelle, des maisons basses aux toits rouges, des chalets rustiques et coquets, coiffés d'ardoises, percés d'ouvertures à larges baies, se détachent et jettent leur variété harmonieuse sur la monotonie de cette nature uniforme.

Vers l'Est, régulière et plane comme une mer calme, la haute plaine s'étend couverte de riches moissons. Au fond, sur la croupe arrondie d'une colline et sur ses larges flancs, ainsi qu'une traîne de manteau royal, la forêt de Bouconne barre l'horizon de la majesté de ses grands chênes couronnés de brume violette et striés de larges clairières ; sillon d'azur dans l'ombre impénétrable.

Au sein de cette plaine, à quelques kilomètres de Pibrac, s'élève la ferme de *Maître Laurent* où naquit et mourut sainte Germaine. On aperçoit au loin sa toiture large et presque horizontale, à moitié ensevelie dans les grands roseaux et les mûriers d'alentour.

(1) Sainte Elisabeth de Hongrie, reine de Thuringe.

Bien difficile à rendre est l'impression qui se dégage de cette plaine féconde et poétique. C'est un mélange de paix suave et douce, de profonde mélancolie et de mystérieux recueillement ; comme si la pieuse jeune fille qui chaque jour y garda son troupeau de moutons dociles avait, martyre volontaire par toutes sortes de souffrances patiemment supportées, laissé dans l'air léger, — dans la brise invisible caressant les arbres et les fleurs, le froment et l'ivraie, de son haleine souple et féconde, dans les fluors des rochers granitiques et le cristal fluide des ruisseaux, dans la bonne et nourrissante terre qui la vit grandir, pleurer et prier, — le mystique parfum de sa piété fermente, le mérite de ses continuelles douleurs.

Vers le Sud-Est, la plaine s'abaisse légèrement en pentes gracieuses, ondulées par degrés. Des hameaux, endormis à l'ombre des mûriers et des platanes, comme lassés par la plainte continuelle des vents, semblent disparaître sous les toits de chaume et de briques roses.

Un blanc panache de fumée, dont les torsades légères se fondent dans l'air avide, sillonne les basses collines et disparaît pour reparaître plus loin, à travers la plaine. C'est le chemin de fer d'Auch à Toulouse, suivant, pour s'arrêter à Pibrac, les capricieuses sinuosités des vallons encaissés.

Voilà bientôt trois cents ans que la fille de Laurent Cousin et de Marie Larroque repose dans la paix du Seigneur, et sa mort bienheureuse semble dater d'hier, tant le souvenir de ses vertus conserve ici de fraîcheur et de grâce.

Les petites choses survivent ainsi aux révolutions, aux indifférences et aux hérésies. Elles résistent à l'oubli du temps, lorsque les monuments de la gloire humaine s'écroulent et disparaissent, malgré leur apparence de force et de durée.

Au pied du coteau sur le versant duquel s'élève Pibrac, dans l'étroit vallon le séparant de la haute plaine, au bord d'une prairie, est une petite fontaine.

Suivant la tradition locale, Germaine venait souvent s'y désaltérer et prier tout auprès, à l'ombre reposante et fraîche d'un grand chêne, pendant que ses moutons paissaient l'herbe tendre et savoureuse du pré.

L'eau, venant des sources souterraines, coule continuellement par un tuyau de fonte dans un petit réservoir. Elle est d'une limpidité de cristal en fusion et d'une fraîcheur exquise.

Le trop plein du petit réservoir, sorte d'entonnoir gazonné, se déverse dans un minuscule ruisselet qui, semblable à un filon d'argent, traverse la prairie et conduit l'eau de la source au lit du Courbet.

Au-dessus de la fontaine, dans une niche rustique, enguirlandée de fleurs et de verdure, est une statue de la bergère, reposant sur un piédestal de mousse.

Le grand chêne de la tradition est remplacé par un rejeton rachitique. Celui-ci, honteux sans doute, de représenter si mal une race illustre, et jaloux de n'abriter que le souvenir de la sainte ombragée par son aïeul, semble n'étendre qu'à regret ses branches grêles et son maigre feuillage sur le voyageur. Le soleil, pour narguer son rachitisme, strie à plaisir l'ombre de ses feuilles d'une délicate et fine broderie dessinée sur le sol, telle une mouvante ciselure.

Autour du tronc et aux premières branches, sont suspendu, chapelets, médailles, croix, scapulaires, etc.

Ex-votos de reconnaissance, souvenirs antiques et récents, fleurs fraîches et fânées, loques et nouveautés, bizarrement entremêlées, ils sont l'écho affaibli de la grande voix de là-haut, de l'église du village, du tombeau de l'enfant, portant au ciel l'action de grâce des exaucés et proclamant, au regard charmé du pèlerin, ou curieux du sceptique et du philosophe, le bienfait reçu.

Si les pays où vécurent les saints semblent garder dans l'essence même de leur vie naturelle, dans les vieux murs des maisons ancestrales, dans les moindres faits continuant la vie antérieure, les actes des disparus, quelque chose de ceux qui furent et dont l'âme vit dans la gloire officiellement proclamée par la seule autorité morale de la terre, il n'est pas de souvenir plus suave, plus éloquent, que ceux rencontrés à chaque pas ici, où les traces de la sainte jeune fille dont je parle se retrouvent partout.

L'harmonie du paysage riant dans sa printanière parure, le doux murmure de l'air plein de parfums, le gazouillement étincelant des oiseaux dans les massifs en fleurs, et jusqu'au lent balancement des tiges graciles des hautes bruyères sous le souffle de la brise ; toute la beauté champêtre et la grâce rustique de la nature en liesse revêtent toutes ces reliques du souvenir, du charme pénétrant de leur poésie.

CHAPITRE II

LE CHATEAU

A mi-coteau, se dresse, massif et sombre, dans le silence de son parc, le manoir des comtes de Pibrac.

Il fut érigé vers la seconde moitié du XVIe siècle, autant que permettent de l'affirmer les capricieuses fantaisies dont on a surchargé l'élégante fierté de ses lignes gothiques. Toutes les précieuses enjolivures dont les artistes de cette époque agitée, incertaine et sanglante, ponctuaient leurs travaux, comme pour perpétuer le fanatisme de la Renaissance, enlèvent à la pureté du style sa grâce hautaine, son éclat vigoureux, sa raison d'être enfin. Elles lui donnent, en échange, une joliesse mignarde qui est souvent la négation de tout sentiment du Beau.

La façade principale, au Sud-Est, contre laquelle s'élève, au centre, une haute tour hexagonale la dominant de son toit à flèche, s'ouvre sur la cour d'honneur, précédant une large et spacieuse terrasse.

Quatre tours à plateformes ajourées flanquent ses angles et lui donnent un vague aspect de forteresse, accentué encore par ses toits couronnés de créneaux.

Mais la grâce mièvre des denticules, des tourelles à pignons, des larges baies à croix, encadrées d'arabesques, patinent la rugueuse armure de pierre et rectifient sa sévérité.

Il est vraiment beau, ce castel silencieux !

Sa solitude le fait un peu ressembler à la tombe auguste de quelque souverain génie, et sa fierté élégante rappelle les chevaliers d'autrefois dont il abrita la gloire et l'amour. Drapé dans sa robe de briques brunies, laquée de vair, sur laquelle se détachent en relief des blasons fleuronnés, il semble être une statue héraldique dont le soleil dore l'écu, et qu'auréole, de là-haut, la gloire de la petite bergère, qui dort dans son reliquaire d'art.

L'intérieur du château, malgré d'incessantes réparations, est passablement délabré. Ces vastes salles sombres gardent, dans leur dénuement, le caractère de leur ancienne splendeur. Le sol résonne sous les pas du visiteur, et cette vibration du vide, se répercutant jusqu'aux poutrelles niellées d'or des plafonds, fait tomber la poussière des siècles en buée grise dans l'air fluide.

Le soleil, pénétrant en rayons étroits comme des lames de feu, par les fissures des vitrages, dore cette poussière fine et opaque, insaisissable comme la légende et avec elle gardienne de l'antique demeure.

La chapelle, située au 2e étage, est fort simple et n'a rien de remarquable. Dans l'aile droite se trouve la salle des Chevaliers, ou salle d'armes.

Cette grande pièce, haute et large, est la plus belle du château. Dans l'aile gauche, une galerie ouverte, à colonnettes, attire l'attention par la finesse de sa structure et l'élégance de son décor.

Dans un salon du 1er étage est une suite de tableaux historiques, de portraits de femmes. On y voit Mmes de Longueville, Mademoiselle, de Comballot, de Rohan, de Montbazon, etc. Ces portraits de dames de haut lignage sont surtout remarquables par la finesse de touche et la richesse du coloris.

Ils évoquent, dans cet asile presque désert des choses du passé, les splendeurs défuntes, les richesses d'art dont il fut peuplé au temps de sa grandeur. Ils rappellent aussi le souvenir des maîtres de céans, des illustres membres de cette famille qui ont laissé dans l'histoire des Parlements, de la Diplomatie, de la Science et des Lois, un si brillant éclat.

Encore seraient-ils restés dans l'oubli qui cache tant de grandes et belles choses du passé sous son armure de glace, si le pinceau qui les créa ne les avait marqués au coin de ce rayon d'art immortel, lueur délicate et fine, flamme de vie, qui les arrache à leur sombre masque de sacrilège poussière pour les placer dans la clarté sereine du triomphe, souvent tardif, mérité par le talent.

Entr'autres, le portrait de Mme de Longueville est frappant. Un charme doux et puissant émane de cette figure un peu languissante ; en même temps, la flamme des yeux, la phosphorescence des chairs, et la grâce du sourire, révèlent l'énergie et la passion.

Il y a, dans un autre portrait — je ne sais lequel — un manteau de velours, d'une chaleur de ton, d'une coloration si réelle, si juste, malgré la pâleur du temps, qu'il rappelle le velours de la baronne de Crussol, dans le tableau de Mme Vigée-Lebrun, au Musée de Toulouse.

Mme de Rohan, d'une coloration plus effacée, mais que ravive un détail, une fleur, une perle, un bout de ruban, a moins de grâce alanguie, plus de raideur seigneuriale. C'est la grande dame, dans sa fierté souveraine, voilant la flamme du regard, l'éclat de son attirante beauté, et jusqu'à l'ombre légèrement rose de ses joues, sous le masque de l'orgueil de race.

Cette œuvre d'un artiste qui eut le tort de ne point signer son tableau, est fort belle quoique très compassée. Mais elle exprime bien exactement, et mieux que ne sauraient le faire les actes guerriers des grands chefs de cette famille, la fierté féodale de leur devise :

« Roi je ne puis, prince ne daigne, Rohan je suis. »

— Je ne voudrais point m'aventurer dans le domaine de la critique d'art, mais je crois pourtant que des œuvres comme ces peintures mériteraient mieux que les salles délabrées et poussiéreuses de ce manoir presque abandonné, dans lequel on n'entre qu'avec crainte, tremblant de voir les parquets s'effondrer sous les pas du visiteur.

Au bout d'une galerie, on visitait, il y a quelques années, un cabinet de travail où Gui du Faur de Pibrac aurait, selon la tradition, composé ses *Quatrains* (1).

Dans cette pièce, dont la voûte était formée par des arcs en ogives d'une grande élégance, on admirait des fresques remarquables, représentant des sujets tirés de la fable et de la Mythologie. Un banc sculpté et finement doré, magnifique spécimen de l'école italienne, décorait ce cabinet. Les sculptures en étaient attribuées à Nicolas Bachelier, élève de Michel-Ange.

Cette merveille de bois ouvragé, avec les fines ciselures de ses ara–

(1) Ce cabinet a été détruit par un incendie.

besques, de ses rosaces, des frêles colonnettes, autour desquelles, comme des lianes souples et nerveuses, s'enroulaient des branches de lierre, révélait l'originalité, l'ampleur, la grâce et la diversité de conceptions de Buonarotti. On y voyait l'effort du disciple suivant la pensée du maître et la développant, avec moins d'éclat peut-être, mais avec autant de sûre élégance.

CHAPITRE III

LA FAMILLE DE PIBRAC

(Gui du Faur, 1529-1584).

La famille du Faur de Pibrac remonte assez haut dans l'histoire du Languedoc et de Gascogne. Elle s'illustra surtout dans le Parlement, le clergé et la diplomatie. Les annales historiques de ces deux provinces de la vieille France établissent comme suit la lignée de cette race jusqu'au plus célèbre de ses enfants :

Gratien du Faur, chancelier de la Comté d'Armagnac sous Louis XI, fut, en 1422, par une distinction honorable, créé président au Parlement de Toulouse.

Il eut deux enfants : Pierre et Arnaud.

Pierre fut évêque de Lectoure ; Arnaud, procureur général au Parlement de Toulouse.

Ses enfants furent : Pierre, Michel et Jacques.

Jacques devint abbé de la Chaise-Dieu ; Michel, président du Parlement de Toulouse ; Pierre, président, après son frère, de ce même Parlement.

Pierre eut cinq enfants, qui furent : Pierre, évêque de Lavaur; Louis, Juge-mage de Toulouse et chancelier d'Henri IV, roi de Navarre ; Arnaud, gouverneur de Montpellier; Charles, président du Parlement de Toulouse, et enfin, Gui, le plus célèbre de toute sa lignée.

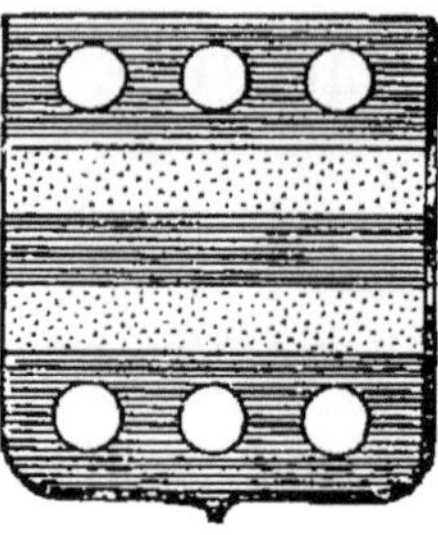

Blason des Comtes de Pibrac (1).

Gui du Four naquit à Toulouse en 1529. Il eut pour maîtres : Pierre Brunel pour les lettres, et Cujas pour le droit.

De cette famille, où brillèrent, avant lui, des hommes forts éminents, Gui est le seul dont la postérité se souvienne, car il semble avoir retiré, de ces souches profondes, une sève puissante qui porta son talent jusqu'au génie.

Comme on voit parfois, sur un tronc débile, au milieu d'une floraison maigrelette, pousser une tige forte, un rameau vigoureux, qui se développe fièrement et produit des fleurs précieuses, étrangement vivaces et d'un parfum pénétrant :

Ainsi, dans le cours des siècles, surgit au sein de familles vertueuses, mais sans éclat, un savant, un saint, qui, s'élevant dans le domaine du savoir et de la vertu, produisent et restent. Ils portent en eux la pensée de plusieurs générations, le mérite de vertus antérieures,

(1) D'azur à deux fasces d'or accompagnées de six besants d'argent, posés trois en chef et trois à la pointe.

et ils sont riches de la science et de la sagesse de leurs ancêtres.

« Mais à quoi bon, ainsi que le fait fort judicieusement remarquer « son meilleur historien (1), raconter tout ceci ? C'est à faire à ceux-là « de se vanter de l'antiquité de leur maison et à faire vanité d'une « longue suite de noblesse, qui, sortis et issus de braves parents, ont, « par leur lâcheté, dégénéré et forligné de la générosité de leurs an- « cêtres, et par leurs vices tellement obscurci leur gloire et terni le « lustre de leur grandeur, qu'il ne leur reste autre moyen de se faire « connaître qu'en faisant savoir qu'ils sont venus de bon lieu. »

Pierre Brunel fut le guide éclairé et savant du jeune Gui dans le vaste domaine des lettres. Il l'accompagna en Italie, à Florence, à Padoue, Venise et Rome, où le jeune poète étudiait, presque en passant, les merveilles de l'art de ce pays où le ciel et la terre semblent se réunir pour former un cadre digne des chefs-d'œuvre que le génie de l'homme y a semés à profusion.

C'est pendant ce voyage que Brunel, comme le fait remarquer André Alciat, « lui distilla la pureté des langues grecque et latine ».

Au retour de cette excursion d'études, en 1548, Gui du Faur, encore adolescent, se sentit attiré vers la poésie.

« Il faisait des vers pleins de doctrine, graves, doux et cou- « lants, remplis de fleurs, qui sentaient à pleine bouche le thyn et la « marjolaine, au surplus merveilleusement belles, agréables à l'oreille, « et sans toutefois qu'ils fussent, comme dit Catulle :

Lascifs et peu honnestes,
Et pouvant exciter aux plaisirs deshonnestes,
Mais partout assaisonnés de quelque belle sentence (2).

(1) Ch. Pasquali, ou Paschal, *La vie et les mœurs de messire Guy du Faur, seigneur de Pibrac*, 1585.

(2) Paschal.

Mais, il ne put s'adonner à la seule poésie comme un penchant naturel l'y appelait, et malgré toute la douceur qu'il trouvait dans ce commerce avec les muses. Il eut, avec joie, délaissé les honneurs que l'étude du Droit lui permettait d'entrevoir, si son père l'avait autorisé à conserver la flûte de Pan et à cultiver la harpe d'Eolie.

L'Italie avait été pour son âme jeune et sentimentale une révélation. Son esprit curieux et avide avait emmagasiné des quantités d'images merveilleuses, de beautés inexprimables autrement que dans la langue des dieux. Et Toulouse, où il continua ses études, avec son climat tempéré, lequel, par sa qualité, compose et modère les mœurs, et l'esprit de ses habitants, développa davantage ses impressions premières.

Mais il avait été décidé que Gui étudierait le droit et serait du Parlement. Le jeune poète s'inclina devant la volonté paternelle, suspendit, lui aussi, comme le poète sacré, sa lyre aux saules du fleuve et devint magistrat et diplomate.

Dans le Parlement, grâce à son talent d'orateur et à l'intégrité de sa vie, M. de Pibrac (comme on l'appelait) sut mériter l'estime de ses amis et, jeune encore, s'attira les bonnes grâces du Roi et de Catherine de Médicis. Son avancement dans les hautes fonctions suivit, dès lors, une voie rapide.

Député aux Etats généraux, convoqués par Charles IX en 1560, il représentait, en 1562, comme ambassadeur, avec Arnoul du Ferrier et Saint Gelais de Lansac, le Roi de France au concile de Trente.

Son éloquence fit impression dans l'auguste assemblée réunie là pour définir la foi, fixer les dogmes, faussés par le schisme de la Réforme, et permettre à l'Eglise de continuer sa marche ascendante vers ses immortelles destinées. Ses talents eussent rendu de grands services au Roi de France et à la cause de la religion, mais la vivacité de ses manières, la hardiesse de son langage et la virulence de ses répliques, le firent, avant la fin du concile, exclure de la salle des séances.

En 1565, le Chancelier de l'Hospital, appréciant à sa valeur la sagesse du magistrat, le faisait nommer avocat général au Parlement de Paris, qu'il quittait pour le Conseil d'Etat, en 1570.

Ce fut vers 1574 que Gui du Faur, reprenant un instant sa lyre, composa ses *Quatrains moraux* qui eurent un si grand retentissement. Peu après, il suivait le duc d'Anjou en Pologne.

Mais ce Roi grotesque et superstitieux, efféminé et sensuel, fait pour les mignons et les petits salons capitonnés, couvert de reliques et suivi de chiens et de singes, ne devait pas supporter longtemps les mœurs austères, la mâle valeur de la noblesse polonaise, toujours armée en guerre, gonfanon flottant et prête à marcher contre les ennemis de la civilisation occidentale.

En apprenant la mort de Charles IX, et sur l'instigation de Catherine, sa mère, le roi électif quitta nuitamment la Pologne pour prendre possession du trône de France que les factieux lui disputaient déjà.

L'histoire a conservé dans les archives des équipées comiques et malheureuses dont s'émaillent les annales des peuples, comme des éclats de rire déridant l'austère gravité des faits protocolaires, les tribulations du pauvre chancelier de Pibrac qui « *faillit payer pour son maître dont la fuite, plus prompte et sûre qu'honorable, irritait les Polonais abandonnés* » (1).

(1) *Mémoires de Marg. de Valois.*

Cette comique aventure faillit même finir mal pour le chancelier. Poursuivi, traqué comme une bête fauve, dans les bois de la Posnanie, par les paysans révoltés, il fut sauvé par l'arrivée opportune du référendaire du royaume, Stanislas Sendziwoy de Czarnkow, qui le prit dans son carrosse et le conduisit dans son château où sa presque entière nudité excita un rire universel.

Après l'avènement d'Henri III, Pibrac s'occupa de rédiger ses mémoires, jusqu'en 1577, époque à laquelle il fut fait président à mortier. Peu de temps après, il entra, comme chancelier, dans la maison de Marguerite de Valois, reine de Navarre.

D'après quelques narrateurs provinciaux et les historiens de sainte Germaine, de Pibrac aurait, vers 1578 et 1579, reçu dans son château la visite, d'abord de Catherine de Médicis; ensuite de Marguerite de Valois, dont il était le chancelier.

Cela est fort possible, quoique les documents historiques de cette époque n'enregistrent point ce fait, car ces deux princesses firent alors un long voyage en Languedoc : la Reine-mère pour signer la paix à Montauban avec le Roi de Navarre, la Reine de Navarre pour se rendre à Nérac auprès de son mari.

« Les deux Reines furent reçues, continuent les narrateurs, avec une grande magnificence (1). »

La demeure seigneuriale était alors plus vaste que de nos jours. Ses proportions grandioses en faisaient un sujet d'admiration, et les meubles précieux, les richesses artistiques, aujourd'hui dispersés, qu'avait réunis là une main savante, un esprit délicat, épris d'art et d'esthétique, ne le cédaient en rien, par l'élégance, le bon goût et

(1) 1° Abbé Salvan; 2° Guérin, *Vie de sainte Germaine.*

l'innombrable variété, à ceux des palais de la couronne, ni aux luxueuses demeures des hauts dignitaires du pouvoir royal.

Un portail, donnant accès à l'ancienne route de Toulouse par Colomiers, est le seul témoin du passage en ces lieux des deux souveraines.

Il se compose de deux tours carrées, basses et massives, sans style défini. Elles sont percées de meurtrières et coiffées de dômes bizarres, imitant le casque des arquebusiers de Henri III.

Deux arceaux à plein cintre, à fronton triangulaire, surmontent l'entrée, réunissant les deux tours entre elles.

Comme écrivain et poète, orateur et diplomate, de Pibrac fut hors de pair. La pureté de sa vie privée et son beau talent lui valurent l'estime et l'admiration de ses contemporains. Mais son lustre s'estompe, l'étoile de sa renommée pâlit un instant à la cour de Marguerite de Valois.

Si l'abandon dans lequel le Roi de Navarre, occupé à guerroyer par ci, à fleuretter par là, laissa sa frivole femme, méritait à celle-ci le voile léger et transparent de l'excuse, il n'en est pas moins vrai que l'histoire est restée impartialement juste, quoique sévère, dans le jugement porté contre elle.

Les orgies célèbres et les « cours d'amour » où les galants étaient pris au concours, pour leurs belles moustaches, leurs sourires vainqueurs et leur brillante prestance, furent le commentaire de toutes les cours européennes, et la froide diplomatie elle-même s'en mêla.

« Le Roi, écrivait à son maître, Auger de Gislen, ambassadeur de « l'Empereur Rodolphe III, auprès du roi de France, a reproché à sa « sœur, la reine de Navarre, ses intrigues et ses dérèglements, lui nom- « mant tous les amants qu'elle a eu depuis son mariage, et précisant

« tellement les dates et les lieux qu'il semblait avoir été témoin des « faits qu'il citait (1). »

La scène dont le diplomate allemand entretient son empereur eut lieu après un dernier scandale de Marguerite à la cour :

Un jeune gentilhomme, Harlay de Chanvallon, ami du duc d'Alençon, convaincu d'avoir écrit d'Anvers à la cour les secrets de ce prince, fut disgracié.

La Reine de Navarre lui donna aussitôt accès auprès d'elle.

Ce Chanvallon était d'une noblesse très douteuse, mais sa douceur, sa jeunesse et sa beauté, lui acquirent la première place auprès des amants de la Reine de Navarre.

Le Roi, sourdement irrité contre sa sœur, voulait la faire empoisonner. Mais, craignant la vengeance du Roi de Navarre, il se contenta de la chasser de Paris.

Cette princesse, en quittant la capitale, s'écria qu'il n'y avait personne dans le monde plus malheureux qu'elle et la reine d'Ecosse (2), qu'elle désirait mourir, mais personne ne l'y aiderait, n'ayant ni amis, ni ennemis.

On comprend combien l'imagination des romanciers a pu se donner libre cours sur une femme dont la vie présentait tant de déchirures, de si folles aventures galantes, et le nom de Margot, dont l'implacable critique l'a stigmatisée, coiffe assez bien sa tête de bacchante.

Dans cette cour de Nérac, légère et vénale, superstitieuse et sensuelle, où les astrologues et autres charlatans, comme Luc Gauric et François Junctini furent des oracles écoutés ; au milieu des femmes d'atours et des galants dorés de la Reine, la calomnie ironique eut vite

(1) Lettres d'Auger de Gislen à l'Empereur Rodolphe.

(2) Marie Stuart.

fait de jeter sur le chancelier de Pibrac le venin de la jalousie.

Si, comme le prétendent les mémoires de cette époque étrange et sanglante, les charmes de la maîtresse triomphèrent aisément de la vertu du magistrat-chancelier, il n'en est pas moins vrai que cette faiblesse fut de courte durée.

Abreuvé de déceptions et de calomnies, il quitta tôt cette cour jouisseuse, pour revenir à la paix du foyer, à la tranquille solitude de son château et finir ses jours entre sa femme et ses enfants.

Il résumait lui-même ses sentiments, en s'éloignant de la cour, dans une lettre à Marguerite :

« Mon bien et mon honneur estoit, Madame, de demeurer conti-« nuellement près du Roy, puisqu'il luy plaist me faire ceste grâce de « me voir de bon œil, comme vous sçavez qu'il faisoit lorsque je partis « pour vous suivre en Guyenne.

« L'occupation digne de mon aage et de ma profession estoit d'assis-« ter assiduement au conseil d'Estat de sa Majesté, ou en son Parle-« ment, et non de quitter l'un et l'autre exercice pour ouïr les plaintes « de vostre pourvoyeur et m'occuper de choses beaucoup moindres, « lesquelles néanmoins je n'ay jamais desdaignées pour vostre ser-« vice (1). »

Gui de Faur mourut à Paris, où l'avaient rappelé ses fonctions au Conseil d'Etat, le 27 mai 1584. Son corps fut inhumé aux Grands-Augustins, ainsi qu'il en avait manifesté le désir avant sa mort.

Montaigne, au jugement duquel j'ajoute plus de foi qu'à celui

(1) *Mém. de Marguerite de Valois.*

de Marguerite de Valois, dit, après avoir cité le quatrain suivant :

Aime l'Estat, tel que tu le vois estre :
S'il est royal, aime la royauté ;
S'il est de peu, ou bien communauté,
Aime l'aussi : car Dieu t'y a faict naistre.

« Ainsi parlait ce bon M. de Pibrac, que nous venons de perdre : « un esprit si gentil, les opinions si saines, les mœurs si doulces. »

MONTAIGNE. Liv. III, ch. IX.

Parlant en même temps de M. de Foix, Montaigne ajoute :

« C'étaient des âmes diversement belles, et, certes, selon le siècle « rares et belles, chacune en sa forme ; mais qui les avait logées en cet « aage si disconvenables et si disproportionnées à nostre corruption « et à nos tempestes ? »

MONTAIGNE. Liv. III, ch. IX.

Malgré les brillants éloges de ses contemporains, et les pompeuses oraisons funèbres consacrant son talent, redisant les éminents services rendus à son pays et à son roi, le nom du magistrat et du diplomate ne serait peut-être jamais parvenu jusqu'à nous, sans le rayon de poésie dont il sut laurer son front.

C'est, en effet, le poète, le moraliste, des *Quatrains* (1), de ces

(1) « Au moins comme ayant été cités par Molière et comme ayant été populaires jusqu'au XVIIe siècle et par-delà, ne faut-il pas citer ces bons auteurs de quatrains moraux qu'on faisait apprendre aux enfants pour leur enseigner la vertu par cœur, c'est à savoir Pierre Mathieu et du Faur de Pibrac ?

« Du Faur de Pibrac, avocat général au parlement de Paris, diplomate, homme très considérable en son temps, a laissé également des quatrains sentencieux, en vers de dix syllabes qui étaient infiniment estimés dans les écoles au XVIe et au XVIIe siè-

piquantes et fines satires, marquées au coin de la griffe du génie, qui a immortalisé son nom.

Il eut pu dire sans vanité aucune : — Ma famille !... elle date de moi.

Et, de son propre ciseau, se tailler dans le Paros le plus blanc, le plus pur, une statue à lui-même, ainsi que, plus tard, dans un fier transport de sa verve poétique, le fera Alfred de Vigny :

> J'ai mis sur le cimier doré du gentilhomme
> Une plume de fer qui n'est pas sans beauté,
> J'ai fait illustre un nom qu'on m'a transmis sans gloire.
> Qu'il soit ancien, qu'importe ! il n'aura de mémoire
> Que du jour seulement où mon front l'a porté (1).

Mais, cette fumée légère, cette fine poussière dorée qu'est la gloire de la production humaine eut, en fin de compte, semblé vulgaire à la postérité, et, seul, le nom de Pibrac aurait peut-être moins duré que sa demeure ancestrale.

Il a fallu l'auréole de Germaine, de la petite bergère, que j'ai quittée un instant pour l'histoire et les grands seigneurs, pour remettre en lumière le nom des comtes de Pibrac, et faire revivre Gui dans toute l'énergie de sa mâle figure de tribun et de poète.

Il mourut cinq ans après la venue au monde de la sainte enfant et fut, peut-être, le protecteur de sa famille. Aussi, la gloire de Germaine

cles. Ils sont inférieurs, à notre avis, à ceux de Mathieu, mais peut-être plus vraiment didactiques et plus faciles à retenir, ce qui en tel *genre* est un mérite. »

E. Faguet, *His. de la Littérature Française*. Paris, Plon, 1901, chap. IV, pages 285, 286.)

(1) Alf. de Vigny, *Les destinées*.

se reflète-t-elle sur toute sa lignée et donne-t-elle à tout ce qui la touche un puissant intérêt.

Les descendants de Gui du Faur n'ont d'ailleurs jamais manqué à leur devoir de suzerains, de chrétiens et de chevaliers. La cause de Germaine est devenue la leur.

C'est ce qui perpétue la gloire de cette famille et donne à leur antique manoir un si brillant renouveau. Ces murs brunis, où le soleil se reflète en teintes insaisissables, semblent placés sous la protection de la Châsse de la Sainte, rayonnante dans le sanctuaire du Christ.

Ils sont le marchepied de l'autel, le piédestal du reliquaire, tels ces chevaliers bardés de fer, cuirassés et casqués, qu'on voit sur les corbeilles d'acanthe, sur les chapiteaux de nos cathédrales, soutenir les clochetons fleuronnés, les flèches aériennes et les frontons fleurdelisés, où, dans sa gloire d'or, rayonne au centre d'une rosace la tête barbue de Dieu le père ou la pâle image d'un saint ascète.

A Pibrac, le décor est moins grandiose, mais plus touchant. La simplicité rustique de la nature, la verdure et les fleurs sont le cadre qui convenait le mieux à la demeure désormais solitaire des seigneurs et au sanctuaire de la bergère, qu'emplit la prière incessante, le murmure plaintif du besogneux, du paladin des champs, âme simple et fière qui comprend sa sainte et vient, confiant et sûr, lui exposer sa requête et voit son désir exaucé.

CHAPITRE IV

L'ÉGLISE

En sortant du château, un chemin encaissé entre de pauvres maisons suit le flanc du coteau et conduit à l'église. Devant celle-ci s'étend une petite place, plantée d'arbres jeunes et peu ombreux, élevée en terrasse et à laquelle on arrive en gravissant un escalier de quelques marches dont les pierres sont passablement usées.

Cette place est nantie de bancs rustiques en bois grossièrement taillé, sièges peu élégants mais solides, anses de repos pour le pèlerin fatigué d'une longue marche à travers les chemins si mauvais des alentours, sous le soleil torride d'un jour d'été ou les frimas rigoureux d'un hiver inclément.

L'église, située au fond et sur la droite, s'ouvre sur la place par une grande porte cintrée, précédée d'un perron de six marches en granit de roche perlé de grains de silex.

Devant l'entrée, sur la gauche, adossée au mur de l'église, s'élève sur un socle octogone, en marbre gris, une gracieuse statue de la vierge-mère, du modèle de la médaille miraculeuse. Cette statue, de grandeur naturelle, est d'un bel effet, dans sa forme svelte, sévère et pieuse.

Sur la droite, se trouve l'entrée de la chapelle extérieure de sainte Germaine. Entre les deux portes, sur une plaque en marbre noir, fixée au mur, est gravée en lettres d'or l'inscription suivante :

> Dans cette église, Ste GERMAINE à été baptisée, a fait sa première Communion, allait à la messe tous les jours et a été ensevelie.

L'église de Pibrac est, dit-on, du XIIIe siècle. Sans style défini, elle se rapproche du roman plutôt que du gothique, quoique ce dernier ait, dans l'intérieur, des liens de proche parenté.

Sans autre examen je la placerai, au point de vue des genres, entre le roman de l'époque tertiaire de l'école Languedocienne, et l'ogival primitif. C'est-à-dire vers la fin du XIIe siècle et le commencement du XIIIe, époque de véritable révolution en architecture, et, partant, de trouble et de confusion.

Au point de vue artistique, son extérieur n'offre rien de bien remarquable, sauf son clocher qui semble plutôt bizarre. Il s'offre à l'examen comme un curieux spécimen des variations de style de l'époque de transition, en admettant qu'il soit possible de lui assigner un style quelconque.

Deux tours rondes, hautes et massives, sorte de contreforts, coiffées de toits en pointe, le flanquent et sont réunies entre elles par une gallerie en saillie, garnie d'une rampe de fer, soutenue par quatre arcatures cintrées, formant consoles.

Au-dessus, s'élève un haut mur, percé de plusieurs ouvertures formant trois étages superposés ; dans ces baies à plein cintre s'encadrent les cloches. Le tout est couronné par un fronton triangulaire, surmonté de la croix. Aux angles inférieurs du fronton, s'élèvent deux pignons à toit arrondi, qui atténuent légèrement la rudesse de l'ensemble.

En somme, ce clocher est une œuvre originale et naïve, sobre et robuste, non dépourvue d'élégance et de fierté.

La porte d'entrée de l'église, à plein cintre, est large et spacieuse. Au-dessus de la porte, garnie de deux archivoltes portées sur deux colonnes à chapiteaux diversement ornés, s'ouvrent deux hauts vitraux également à plein cindre.

L'église est à une seule nef et en forme de croix latine. Très large et haute, elle est éclairée par des fenêtres cintrées. Tamisée par de nombreux vitraux à saintetés, à fond de grisaille nacrée, la lumière entre douce et vaporeuse, éclairant sans troubler par une clarté trop vive.

La voûte, formée de caissons à losange, est richement décorée de fresques délicates et de couleurs tendres. On retrouve, dans l'étude de ces œuvres picturales, la même suite d'idées remarquées dans les travaux de peintures religieuses des artistes de la Renaissance.

Les deux testaments, la loi de justice et la loi de grâce, s'y trouvent réunis dans une harmonie parfaite. La fraîcheur des figures et la richesse du coloris, rehaussés par la vivacité des cadres dorés et des cartouches à fleurs, est vraiment délicieuse.

D'ailleurs, je vais citer un des principaux historiens de sainte Germaine, car je ne saurais mieux faire que lui (1).

(1) Salvan, *Hist. de sainte Germaine.*

« La longueur de la voûte, depuis le sanctuaire jusqu'au mur de « face, est coupée par quatre grandes impériales divisées en caissons « par des nervures et des voussures dorées ; à la jonction de ces « nervures se trouvent de riches pendentifs. Au lieu de présenter « l'Ancien et le Nouveau Testament par des figures d'hommes, on a « eu l'idée de reproduire les Patriarches, les Prophètes et autres saints « par des anges aux formes gracieuses et aériennes qui, dans chaque « caisson, se balancent sur un fond d'azur et balancent avec eux des « banderolles sur lesquelles sont tracés des passages de l'Ecriture dé- « signant chaque personnage. »

Au fond de l'église, faisant face à l'autel majeur, est l'orgue. Le buffet, en ébène sculpté, est d'une hardiesse élégante et gracieuse. Au-dessous, sur les tympans couronnant les fonds baptismaux, on voit des groupes d'anges jouant de divers instruments de musique.

« Les murs latéraux sont stuqués en grisaille, et les nervures de la « voûte, se prolongeant en faisceau jusqu'à hauteur, forment de gra- « cieux encadrements (1). »

La chaire, élevée à gauche en montant vers le chœur, est très belle et d'un fini délicat. Les montants et les supports en chêne sculpté et finement doré, encadrent des feuilles en marbre nacré, veiné de rose, retenues par de légères nervures.

— Cette chaire, ainsi que les retables des chapelles, proviendraient de l'église des Dames de la Visitation, de Toulouse.

Mais ce qui, invinciblement, attire l'attention, en avançant dans l'église, c'est le sanctuaire et l'autel majeur, et, sur la droite, la chapelle de sainte Germaine.

(1) Abbé SALVAN, déjà cité.

Comme je l'ai dit plus haut, l'église a la forme d'une croix. Et l'idée consistant à voir dans une église le corps du Christ, est ici développée dans tout ce que la petitesse de la nef lui permet de splendeur. Si je faisais l'étude symbolique de ces figures d'anges, d'apôtres, d'Evangélistes, régnant dans les caissons de la voûte et des parois latérales, j'y trouverais des pensées bien étranges, et fort contradictoires, peut-être, mais à coup sûr, originalement belles.

Le chœur de l'église est la tête du Christ, le chef royal, le soleil de grâce et de beauté, autour duquel, comme les étoiles dans le ciel bleu, rayonnant autour de l'astre des nuits, gravitent les anges et les saints.

Nous les voyons tourner vers Jésus des regards pleins d'espérance, et s'avancer, en leurs gracieux pendentifs à fond d'azur pâle, qui les fait ressortir davantage.

Au milieu de la voûte, presqu'au transept, près du cœur du Christ mourant, comme autrefois sur le Calvaire, se trouve Marie-Madeleine.

Elle est là, triomphante et sublime, la pauvre pécheresse, épurée par les larmes, se diluant en des flots de tendresse et de brûlante reconnaissance.

Elle est bien à sa place, en avant des Apôtres, des Patriarches et des Prophètes, car elle les dépassa tous par le courage de sa pénitence et la générosité de son amour.

C'est toute la cour céleste qui s'avance, dans le bleu lacté des éthers fluides, parée de gloire, vers le Tabernacle du Christ.

Là, tout change. C'est le cénacle saint du Dieu-Roi, le trône de justice et d'amour. Là, vit la Majesté imposante et douce, sévère et forte, mais indulgente et bonne, accessible à tous, voilant sa beauté éternelle, son infinie splendeur, sa divine essence, sous l'humble pain de pur froment, blanc et pâle, mais qui contient la puissance foudroyante et la vie immortelle dans sa mince et frêle parcelle.

Le sanctuaire est couronné d'un dôme à arêtes, de style roman-composite. De beaux vitraux, œuvre de finesse et de goût, dont les ors se patinent d'ombre dans le chatoiement des couleurs vives, éclairent le chœur d'une lumière vague et recueillie.

Autour du sanctuaire, dans de grandes niches à encadrements ornementés, rayonnent les statues de saint Jean-Baptiste, saint Pierre, saint Paul, saint Rémy, saint Etienne et saint Ignace. Au-dessus de l'entablement, règnent des cartouches superbes à têtes d'anges en grand relief, poupines et fraîches, mais un peu trop boursoufllées.

L'autel majeur est une manifique pièce de sculpture et de ciselure. Il est en marbre blanc et rouge, d'une belle richesse de matière et de travail.

Un dôme de style roman, comme l'autel, supporté par six colonnettes en bronze doré, à chapiteaux et nervures en chrysocale, le surmonte. Derrière l'autel, et le dominant à moitié, s'élève un tableau représentant le Christ en Croix. Il parfait l'harmonie simple et majestueuse du sanctuaire, mais masque en partie le principal vitrail du chœur.

Sur le côté gauche du sanctuaire, près du banc d'œuvre, scellée contre le mur par quatre rosaces dorées, est une plaque en marbre noir, indiquant qu'en ce lieu reposent plusieurs membres de la famille du Faur de Pibrac.

Ici reposent : MICHEL du FAUR, comte de Pibrac, mort le 31 Mai 1704	JÉROME du FAUR comte de Pibrac, mort le 8 Octobre 1713
—	—
ÉLÉONORE de SAULX-TAVANNES, épouse de Michel du faur morte le 15 Août 1708	JEANNE du FAUR de PIBRAC, morte le 3 Février 1743

La chapelle latérale, à gauche du chœur, est dédiée à la sainte Vierge. Elle possède une statue très ancienne de la mère de Dieu, qui date, assure-t-on, de sainte Germaine, et c'est à ses pieds que la pieuse bergère venait tous les jours s'agenouiller.

Le retable de cette chapelle est orné d'une belle peinture de Despax, représentant saint François de Sales.

CHAPITRE V

LA CHAPELLE DE GERMAINE

La chapelle de sainte Germaine, à droite du sanctuaire, fait face à celle de la sainte Vierge. Elle est de forme carrée. Deux belles statues de la sainte, de grandeur moyenne, en marbre blanc, sont placées sur les deux côtés de l'entrée, contre les parois des pilastres, et supportées par deux socles en bois sculpté.

L'une, gracieuse et d'un travail délicat, aux formes harmonieuses et exactes, dans le costume et les traits, la représente dans le miracle des roses. Les moutons sont couchés à ses pieds. Du tablier entr'-ouvert de la jeune bergère, que sa main gauche, tremblante de la surprise éprouvée, retient à peine, s'échappent des fleurs épanouies, tandis que sa main droite tient un morceau de pain.

Dans la seconde statue, elle est à genoux, recueillie dans une profonde prière, le regard levé vers le ciel, où son âme voit Dieu. La grâce suppliante de la pose et l'humilité du geste donnent au marbre la souplesse de la vie.

Le plafond de la chapelle est à caissons octogones dorés, à rosaces d'or. Le pavé est formé par une très belle mosaïque, encadrée d'une bordure de marbre blanc et noir.

L'autel, en marbre blanc et gris, s'élève de profil à l'entrée de la chapelle, vers l'Orient. Les jolies sculptures, arabesques et fleurs, dont il est orné, sont remarquables. Comme pour toute l'église, un sentiment plus élevé que celui de l'art a guidé les artistes. Ils ont travaillé en esprit de foi. Un peu comme ces artistes religieux du Moyen Age, auxquels nous devons de si vivants chefs-d'œuvre et qui ne travaillaient qu'en état de grâce, comme s'ils eussent craint que l'ombre, même vénielle, des fautes, n'imprimât à leurs travaux une tâche, un défaut incorrigible, que les siècles à venir pourraient juger sévèrement.

Ils poursuivaient, dans leurs travaux artistiques, dans l'action matérielle, le rêve sublime et fier des âmes pures et quelque chose de cette beauté intérieure, de cette force, passait dans les marbres précieux des aériennes flèches, les délicates ciselures des ogives et des cintres, des archivoltes et des menaux, comme aussi dans le granit indestructible des bases et les blanches pierres des nefs.

La paix des consciences donnait la force patiente et sûre, dans laquelle les volontés hardies matérialisaient leur rêve d'art et créaient les chefs-d'œuvre religieux, les cloîtres et les cathédrales dont la beauté merveilleuse, architecturale et artistique, nous arrache un cri d'admiration et presque de reconnaissance pour de si précieux héritages.

Sur l'autel, on peut admirer le tableau du Père Besson, dominicain. Dans cette peinture, sainte Germaine est à genoux au milieu de la plaine de Pibrac. Les blancs moutons se pressent autour d'elle et semblent mendier une caresse de leur douce gardienne.

Germaine est là, en extase, les bras ouverts devant sa poitrine. Sa tête, nimbée d'or, est haute et légèrement penchée à sa droite. Les traits, naturellement expressifs, semblent illuminés par l'auréole entourant son front. Ses yeux sont fixés au ciel, des yeux pleins d'âme, qui par delà la voûte de saphir, lamée de blancs nuages dont la brise carde les flocons, semblent contempler une lointaine vision.

Au second plan, apparaît la colline de Pibrac, que domine l'église, élevant dans la nue le profil grêle de son clocher.

Le Père Besson était un véritable artiste. En peignant cette figure de la sainte bergère, il fit une grande et belle œuvre. Grande par le sujet, digne de tenter un esprit aux pensées élevées, aux sentiments généreux, une âme religieuse, éprise de la beauté de son idéal ; belle au point de vue de l'art, par la richesse de l'exécution.

La figure de Germaine est touchante et telle qu'on se plaît à se l'imaginer. La délicatesse des contours, la finesse des tons admirablement fondus, et la vivacité du coloris, atténué seulement par l'expression de mélancolie du paysage, où l'on retrouve un peu de la grâce morte des Primitifs, font bien ressortir chaque sujet selon son importance, laissant dans l'ombre les détails secondaires.

M. Ingres a également brossé un tableau à la gloire de la pieuse bergère. Il la représente s'élevant de la terre, qu'un de ses pieds touche à peine, dans une nuée d'or, telle une gloire d'apothéose.

A ses pieds sont sa quenouille, son fuseau, son bâton de bergère et quelques roses épanouies, tombées de son tablier qui en retient encore une. Au second plan, à droite, est l'église de Pibrac ; à gauche, ses moutons.

Ce tableau se trouve dans l'église Saint-Etienne de Sapiac, à Montauban, ville natale de l'auteur.

Ingres, dont le grand talent pictural s'est si diversement manifesté, depuis sa superbe « apothéose d'Homère » jusqu'à ses merveilleux portraits à la mine de plomb, se révèle, dans sa Germaine, un peu maniéré, peut-être, mais expressif et plein de grâce émue.

Si, comme dans la plupart de ses œuvres, la couleur est, en général, trop fondue en grisaille, la pureté de la ligne y est merveilleuse, et le dessin noble et sûr. La figure a une grande expression de douceur et de naïve grâce dans l'éclat de la vision béatifique. Le costume simple et primitif de la bergère est scrupuleusement observé, jusqu'aux moindres détails des plis même du vêtement.

Ainsi que dans celle du Père Besson, on retrouve dans l'œuvre d'Ingres, dans la simplicité un peu trop naïve de certains détails de perspective et de décor, les Primitifs de l'école Ombrienne. Mais, en même temps, l'œil découvre dans l'ensemble un charme attrayant, une perfection qu'on n'avait point trouvé avant lui. Ce tableau est à la fois remarquable comme document historique et comme œuvre d'art.

Dans la maison de *Maître Laurent*, là-bas, au sein de la plaine, dans la pauvre et inhospitalière demeure qui semble sommeiller dans l'auréole des hautes herbes et des mûriers, la petite bergère vécut souffrante et humiliée. Aussi, n'y voit-on que l'offrande du pauvre, du mendiant, comme si Dieu, rejetant sur ces vieux murs noircis par les vents et délabrés par les siècles, la responsabilité des tortures endurées par la sainte, les avait à jamais privés de la gloire des marbres précieux, des draperies chatoyantes, des chants pieux et des cris d'allégresse, leur laissant la stabilité pour affirmer la grandeur et la beauté de l'héroïsme dans la vertu.

Mais ici, dans sa mystique chapelle, où Dieu a manifesté sa

sainteté, où elle a reçu l'hommage de l'Eglise, Germaine est glorieuse.

Les ex-votos les plus nobles chantent sa puissance.

Les murs sont revêtus de marbres étincelants et d'onyx précieux, portant en lettres d'or le merci des exaucés.

De splendides bannières, aux formes archaïques ou modernes, en soie et velours, brochées de perles et de fleurs, drapent les murs de leurs plis soyeux, moirés de rayons et de lacs de clarté, et forment, avec les cœurs de vermeil et d'argent, les tableaux et les couronnes, une charmante et somptueuse tapisserie.

Quinze lampes brûlent nuit et jour dans cette chapelle; la demi clarté filtrant à travers les petits vitraux, comme si le jour n'osait troubler de ses rayons le sommeil de la vierge, caresse les globes d'argent et d'or ciselé ainsi que les chaînes délicates dont les fins maillons les tiennent suspendues à la voûte.

La légère flamme, telle une goutte de vie, tremblante et douce, vacille dans les tulipes de cristal rose et fait scintiller les ors des caissons de la voûte et des rosaces renaissance.

Petites flammes,silencieuses larmes de lumière, si souvent délaissées dans le mystérieux cénacle du Seigneur, elles sont la prière incessante qui monte vers Dieu. Dans l'éclair embrasé que leur tremblant effort jette sur la porte du Tabernacle, vit la requête des pèlerins, qui, un jour, venus de loin au tombeau de la sainte, les laissèrent pour être leurs ambassadrices auprès de l'Eternel et de sa pauvre servante.

CHAPITRE VI

LA CHASSE ET LA CHAPELLE EXTÉRIEURE

Le précieux et coquet édicule renfermant les reliques de sainte Germaine est un véritable bijou d'art, de bon goût et de piété. Cette châsse, œuvre de M. Favier, orfèvre de talent, possède les membres essentiels d'un véritable édifice. C'est une petite chapelle en miniature.

Elle est en cuivre doré et mesure exactement $1^m,20$ de long sur $0^m,50$ de large et 1 mètre de haut. La forme imite les chapelles gothiques de l'âge d'or ; ses lignes sont d'une grande élégance de courbe et d'élévation, si dépourvues qu'elles soient des ciselures décorant les reliquaires de cette époque.

C'est une suite d'arcs en ogives, supportés par de gracieuses colonnettes, et couronnés de rosaces à meneaux surmontés de clochetons fleuronnés. Entre chaque fenêtre, une colonne à chapiteau élève un galbe pointu finement ouvragé. Aux deux bouts, les contreforts, au nombre de quatre, sont surmontés de pinacles légers, terminés en pointes fleuronnées comme les clochetons.

Le toit, à deux pans inclinés, est terminé au faîte par une étroite terrasse, bordée des deux côtés par une fine dentelure en cuivre également doré. Sainte Germaine est à genoux sur la terrasse, au pied d'une croix. Ses moutons sont derrière elle.

Ce précieux monument d'orfèvrerie fut offert à la sainte par M. l'abbé Marquet, du clergé de Toulouse, originaire de Pibrac.

Il est placé face à l'autel, dans une niche séparant la chapelle intérieure de la chapelle extérieure. La niche est ornée d'une voûte élégante, peinte d'azur et étoilée d'or.

Une grille en fer forgé, vitrée, la protège sans trop la dérober à la vue. Aux grands jours de fête, cette grille est ouverte et les pèlerins peuvent admirer la châsse dans toute sa beauté et vénérer les restes de la petite bergère. Dans la chapelle extérieure, elle est rendue visible par une porte en bois dont les panneaux sont ornés d'une peinture représentant le miracle des fleurs.

Sur la châsse, du côté de la face intérieure, sont gravés ces mots : *Don fait par un prêtre natif de Pibrac.*

Et plus bas :

Béatifiée le 24 juin 1853, l'an 8 du Pontificat de Pie IX.
Ossa iptius visita sunt, et post mortem prophetarunt.

Au-dessus une plaque de marbre blanc porte l'inscription suivante, purement historique :

GERMAINE COUSIN, morte en odeur de sainteté dans cette paroisse l'an de Jésus-Christ 1601, de son âge 22°.
Son corps, inhumé dans cette église, fut retrouvé quarante-trois ans après, à la surface de la terre, avec tous les membres conservés et adhérents.
L'absence de tous les moyens naturels a été juridiquement constatée.
Canonisée le 29 Juin 1867.

La chapelle extérieure n'a rien de remarquable. Elle s'ouvre sur le perron de l'entrée de l'église. Son plafond est à caissons romans. A droite et à gauche de la châsse de sainte Germaine, sur les panneaux de bois, sont sculptées les figures du comte de Pibrac et d'un chevalier de Malte. En dehors, sur le pignon du toit s'élève une blanche et gracieuse statuette de la bergère.

CHAPITRE VII

LE TRÉSOR DE GERMAINE

Impressions.

Au-dessus de toutes les richesses que l'art, la reconnaissance et l'admiration ont offert à la glorieuse vierge de Pibrac, est un trésor plus estimable encore.

« ... Trésor, nous dit M. Salvan (1), mille fois plus précieux que « toutes les richesses d'or, d'argent et de pierreries qui décorent ailleurs « tant d'autres sanctuaires.

« Nous avons visité ce trésor, et nous ne pouvions nous lasser de « le contempler

. . . .

« nous avons touché ces magnifiques joyaux de la couronne séculaire « de Germaine, ce merveilleux écrin formé par tant de prodiges, et « dans lequel chaque paralytique, chaque estropié, chaque pauvre « perclus a laissé son diamant : nous voulons parler de ces cent et

(1) *Hist. de sainte Germaine.*

« quelques béquilles de toute grandeur et de toute forme que tant « d'heureux miraculés ont laissées au tombeau de la bergère comme « des preuves authentiques de leur guérison et des trophées de sa « puissance. Quelle imposante autorité donnée par ces irrécusables « témoins à tous les procès-verbaux, enquêtes, commissions et con- « grégations qui ont amené la béatification d'une pauvre villa- « geoise !

« Parmi les objets si précieux qui forment le trésor de la bergère, « il en est un qui a particulièrement fixé notre attention : ce sont « deux menottes de prisonnier. Elles sont en fer et paraissent très « anciennes. Nous avons interrogé tous les souvenirs des vieillards du « village, recueilli les traditions, et une gracieuse histoire est sortie « de nos questions et de nos recherches.

« Bien des années avant la Révolution française, un pauvre pri- « sonnier, accusé d'un crime puni par les lois, fut conduit par la ma- « réchaussée de Toulouse dans le pays des Auscitains. La grande « route qui part de cette ville et se dirige vers Auch n'existait pas à « cette époque, et le village de Pibrac se trouvait sur le passage des « voyageurs qui se rendaient d'un pays à l'autre. Ce prisonnier était « innocent. Il avait entendu parler des miracles opérés par la bergère. « Arrivé à Pibrac, où il prit quelques instants de repos, il conjura « ses gardes de le laisser entrer dans l'église, afin qu'il pût aller prier « auprès du tombeau de Germaine. La demande fut favorablement « accueillie. Accompagné de ses gardes et de quelques habitants que « la curiosité avait attirés, il va se jeter à genoux au pied du tom- « beau, répandant d'abondantes larmes et conjurant la bergère de ma- « nifester son innocence.

« Au moment où il terminait son ardente prière et que ses gardes

« le pressaient de se retirer pour continuer sa route, les menottes « tombèrent de ses mains, quoiqu'elles fussent solidement rivées et « liées entre elles par une baguette de fer qui enlevait au prisonnier « la possibilité d'exécuter le plus léger mouvement. Tout le peuple « cria au miracle et les gardes éprouvèrent la plus grande difficulté « pour faire partir avec eux le pauvre prisonnier. Néanmoins, ce mal- « heureux, ayant déclaré lui-même qu'il ne voulait point, en cédant à « l'empressement populaire, compromettre la liberté de ses gardiens « et engager leur responsabilité, continua avec eux son chemin et re- « prit ses menottes. Arrivé au terme de son voyage, il fit instruire « son procès. Son innocence étant reconnue, il demanda comme une « grâce qu'on lui rendît les menottes qu'il portait pendant sa capti- « vité. Heureux et fier de les avoir obtenues, il revint à Pibrac re- « mercier la bergère d'une protection aussi signalée, et suspendit lui- « même auprès du tombeau ces menottes comme un signe permanent « de sa miraculeuse délivrance. »

Mon pèlerinage était terminé. Après avoir, moi aussi, payé mon tribut d'hommages au souvenir de l'héroïque enfant, et prié auprès de sa châsse, je m'éloignai de l'église et redescendis la colline par le même chemin, absorbé dans des pensées diverses.

Dans toutes ces choses brillantes ou futiles du passé, au milieu desquelles je venais de vivre quelques instants ; dans l'air ambiant de miracle et de mystère qui la pénétrait, mon âme s'était transformée et quelque chose de puissant et d'infiniment doux était entré en elle.

Tout à coup, dans l'air ensoleillé, éclata une musique vibrante et mélancolique à la fois, un chant mystique et pur comme les fleurs de mai. Le carillon de l'église préludait, sur un rythme doux et sonore, la salutation de l'ange à la Vierge.

Ses notes argentines, répercutées par l'écho lointain, emplissaient l'espace, égrenant les paroles du cantique comme un chapelet de cristal, telle une brillante théorie d'esprits aériens, âmes de grâce et de clarté, effeuillant dans l'air les roses de l'*Ave*.

La brise s'arrêtait pour entendre et la nature en extase écoutait ce concert de clochettes, semblable à un gazouillement d'oiseaux.

Puis, les grandes cloches lancèrent, à leur tour, leurs voix solennelles vers l'infini. Elles ont une âme, les cloches ! Ame d'airain sacré, faite de joie et de deuil, de prière et d'amour. Le carillon est leur poésie, poésie expressive et douce comme les accords d'une mandoline, scintillante et joyeuse comme un ruissellement de perles fines.

Et quand la brise eut emporté les dernières ondées d'harmonie, la plainte mourante des cloches, par dessus l'ondulante houle des blés, jusqu'au pied des lointaines collines, où les échos la répétaient en se brisant, dans les vals ombreux où sanglotent les sources, les mésanges reprirent leur gazouillement interrompu.

Dans chaque buisson fleuri, un orchestre invisible entonna son nouveau concert, et, sur les cerisiers, le chant des cigales recommença.

Les sorbiers et les pruniers, pliant sous le poids de leurs fruits, rubis et escarboucles, almandines et ouwarovites, dont les grappes, ombrées par le feuillage, semblaient jaillir de leur écrin d'or-vert, étaient pleins d'oiseaux et de chansons.

Dans les corolles des grands lis, semblables à des calices d'ivoire, les papillons aux mille couleurs, fines opales serties dans le velours et la moire des ailes, se couvraient de poussière d'or et s'endormaient, grisés d'amour et de lumière, sur le cœur de leur fleur bien-aimée.

L'abeille butinait la rose pour recueillir son miel. Ses petites ailes avaient des reflets d'azur et son brillant corselet semblait être une chrysolithe enchâssée dans la fleur.

Au pays des saints la nature revêt un charme particulier, comme si ces âmes privilégiées avaient laissé un rayon de leur beauté immortelle, de leur pureté de fleurs vivantes et merveilleuses, à la plante et au ruisseau, à l'arbre, à l'éther fluide et jusqu'au soleil.

Germaine au ciel est toujours la douce bergère de Pibrac ; elle protège sa terre natale et veille sur sa tombe glorieuse et sur la pauvre maison où elle vit le jour et d'où s'envola, un matin, à l'aube naissante, son âme virginale.

DEUXIÈME PARTIE

La maison de Germaine.

CHAPITRE PREMIER

LA PLAINE. INCIDENT ET IMPRESSIONS

Si je prétendais faire œuvre complète d'hagiographe et retracer dans ces pages la vie de sainte Germaine, au lieu de la relation simple de quelques souvenirs d'excursion, je devrais intervertir l'ordre des parties de mon récit, et placer le berceau avant la tombe, pour ne pas risquer d'être confus.

Mais je note ce que j'ai vu et éprouvé dans l'ordre même où cela s'est produit.

D'ailleurs, la ferme de *Maître Laurent* où naquit Germaine, et l'église de Pibrac, qui garde les restes de la *pia pastorella* — ainsi que l'appelait Pie IX, — ont leur histoire absolument distincte.

L'une et l'autre nous montrent, sous un aspect différent, mais infiniment sensible, ce que peut la vertu, ce qu'est la sainteté et comment Dieu glorifie les petits.

L'enseignement de la pauvre masure, qui a résisté à trois siècles, venant après celui de la maison de Dieu, où s'inscrivent les magnifiques triomphes de l'apothéose, nous expliquera mieux Germaine que sa gloire posthume.

Après avoir franchi le pont jeté sur le Courbet, pont qui relie la principale rue de Pibrac au chemin vicinal de la haute plaine, et traversé l'étroit vallon, on arrive sur le plateau du Gaïné.

Coupée çà et là par d'étroits ravins, cette plaine s'étend vers le Sud-Est, jusqu'à la forêt de Bouconne. Le chemin déroule à travers les champs les sinuosités capricieuses de son tracé, et conduit au camp militaire, installé sur le versant d'un vallon, à quelque distance de la sombre et immense forêt.

Au sein de cette plaine s'élève la maison où naquit en 1579, vécut, et mourut en 1601, Germaine Cousin.

Par une belle après-midi, quittant, avec plusieurs camarades, choisis entre cent pour cette délicate excursion, le camp de Bouconne, où mon régiment prenait son quartier de printemps pour les tirs de guerre, je résolus de visiter la maison de la bergère canonisée.

Mon récent pèlerinage à Pibrac, les merveilles que révélaient les ex-votos admirés autour de la tombe glorieuse, et lui formant une pieuse cour d'honneur, une couronne de gloire ; les grands souvenirs évoqués dans le sombre manoir des seigneurs, et près des lieux témoins de faits miraculeux ; tout cela avait excité mon désir d'apprendre encore, de voir, de faire revivre, en quelque sorte, la sainte bergère, en visitant son berceau après son mausolée.

Au départ du camp, la grande plaine nous apparut, riante et fertile.

Nous suivîmes pendant quelques instants un chemin peu fréquenté, bordé de deux larges rubans de gazon émaillé de pâquerettes. Au milieu s'ouvrait un étroit sentier, battu comme un sillon de herse. Deux haies de ronces, d'épines et de houx, très hautes, bordaient parallèlement ce chemin et nous masquaient la vue de la plaine et des horizons.

Ignorants de la topographie du pays, insouciants et un peu volages, grisés d'air et de parfums, nous allions presque à l'aventure, comptant sur la rencontre de quelque berger pour nous renseigner.

Mais personne n'apparaissait sur le chemin ni à l'orée du bois; partout la solitude.

Un silence religieux emplissait l'air ; les champs, couverts de florissantes moissons, les bouquets d'acacias en fleurs, les prairies verdoyantes et diaprées, nous envoyaient les enivrants parfums de leurs printanières floraisons.

Seuls, par instants, le chant rustique et doux des insectes, le cri furtif, railleur presque, d'un oiseau, s'envolant à notre approche, et le bruissement léger de la brise, berçant de sa douce caresse les seigles jaunissants, le sarrazin à fleur de neige et les maïs à la fine aigrette d'or, jetaient dans cette paix de la plaine, vibrante de vie et de lumière, le riant et pieux murmure de leur chanson.

Les papillons jouaient sur les fleurs des églantiers, sur les boutons d'or et les campanules, caressaient en passant la fleur blanche des troënes, et voletaient plus loin, dans le zigzag de leurs petites ailes, pour s'ébattre, en joyeux vols, sur l'humble fleur de la mauve, à peine entr'ouverte, et jetant dans l'émeraude des gazons ses grenats et ses rubis.

Au bout de ce chemin, où la grâce de la nature régnait dans toute la fraîcheur de sa force et la richesse de son mystère, nous trouvâmes une maison, ou plutôt une ferme, vraiment curieuse et qui mérite quelques détails.

Le corps principal, un rez-de-chaussée couvert d'une toiture en tuiles, presque horizontale, était flanqué, à l'Est, d'une sorte de tour carrée, surmontée d'un pigeonnier.

La façade de la maison, percée de deux larges fenêtres, et d'une porte à double battant, disparaissait sous un voile épais de glycines et de volubilis, aux clochettes blanches et mauves, sonnant la chanson muette des amours aux abeilles gourmandes. La tour elle-même, drapée de lierre depuis la base jusqu'au faîte, semblait garder jalousement, sous l'épaisse tenture de feuilles lustrées, d'un vert d'eau morte, strié de cassures d'or, le secret de quelque mystérieuse légende.

Autour du pigeonnier, sur le toit et les meules de paille, de nombreux pigeons au blanc plumage, ponctué par le rouge-vif du bec et des pattes, voletaient, se posant par ci, par là, arrêtant parfois, comme un éclair, un rayon de soleil sur leurs blanches ailes.

Près de l'entrée de la maison s'élevait un bouquet de chênes séculaires. Au milieu du rectangle formé par ces arbres, se dressait, sur une stèle de briques rouges, élevé sur un large piédestal en maçonnerie, une croix de fer, disparaissant à moitié sous des guirlandes de buis sec et des bouquets de fleurs fanées.

Au centre de la stèle, dans une sorte de niche à voûte cintrée, fermée par une grille, était une statuette de sainte Germaine.

J'appris plus tard que, d'après la tradition, c'est là, au pied de ces arbres, que se trouvaient les deux Religieux Mineurs, la nuit de la mort de Germaine. Ils la virent monter au ciel entourée d'anges et de Vierges.

Désireux pourtant de savoir exactement où se trouvait le but de notre excursion, la ferme de « Maître Laurent », l'un de nous se décida à aller frapper à la porte de la maison.

La porte resta obstinément close. En revanche, un énorme chien de garde, le cerbère de céans, accueillit notre ambassadeur avec des aboiements furieux. Trop courageux, le soldat voulut molester le carnivore, mais celui-ci, décidément dangereux, lui montra ses crocs et le mordit à la jambe.

Criant, boîtant, le blessé battit en retraite en bon ordre, poursuivi par son sauvage agresseur. Il ne respira que lorsqu'il eut mis le portail de fer de l'entrée entre lui et le chien.

Quant à nous, assis sur l'herbe moussue, au revers d'un fossé, au fond duquel coulait un imperceptible ruisselet, nous attendions, en philosophant, le retour de notre camarade.

Un éclat de rire général l'accueillit.

Lui, assez vexé de notre réception, et encore tout ému de l'alerte, s'écria : « Vous savez, pas moyen de se renseigner. Il n'y a que cet animal de chien, et voilà ce qu'il m'a répondu ».

En disant cela, il nous montrait son pantalon déchiré, au dessus du genou droit ; par la déchirure, un mince filet de sang, se mêlant à l'écarlate du drap, témoignait combien le chien de garde était friand de chair humaine.

« C'est égal, conclut l'ami Morolle, grand et beau parleur, — sergent au Régiment, sculpteur dans le civil, tout en bandant avec son mouchoir la plaie de notre malheureux plénipotentiaire, — c'est égal, ce *couquinas* de chien mérite une leçon. Je crois que nous ferions bien de lui apprendre à respecter l'armée française? »

— Oh ! non, s'écria la victime avec véhémence et conviction, il vous mordrait tous !...

Des protestations s'élevèrent, timides pourtant. Comme notre temps était limité, nous décidâmes à l'unanimité, sauf une abstention, — celle de l'irréductible Morolle, — de laisser, pour l'instant, l'injure impunie, et de chercher nous-même notre but.

Après quelques intants de marche, nous rencontrâmes un chevrier montagnard, lequel nous expliqua, par signes, le chemin que nous devions suivre pour arriver à la maison de Germaine.

Je dis : par signes, car il parlait un patois que nous ne comprenions pas et ignorait parfaitement la langue française. Le nom de Germaine, le seul qu'il comprit, lui indiqua ce que nous désirions savoir.

Sur ses indications, nous prîmes, à gauche, un chemin bordé de jeunes mûriers, aux larges feuilles d'un vert chaud, et dont les beaux fruits, les uns d'un jaune d'or transparent, les autres noirs pointillés de rubis clairs, nous tentèrent. Y goûter fut l'affaire d'un seconde. La société tout entière les trouva délicieux, quoique un peu fades.

Pendant que mes compagnons, marchant devant moi, discouraient sur les mûriers et mûres, de France et de Chine, les vers à soie et autres vers, j'étudiais le pays que nous traversions.

La grande plaine se déroulait autour de nous, avec la variété magnifique de ses moissons et des fleurs champêtres, ornant son manteau de leurs brillantes ou pâles couleurs.

Au sud, et vers l'ouest, une ligne bleue et nacrée, dentelée de fines découpures, estompait légèrement le fond du ciel, élevant, sur la lazulite du firmament, ses nobles et fines arêtes.

C'était la chaîne des Pyrénées. A l'Ouest, ses monts s'élevaient comme la gradation d'une inconcevable Babel pour se fondre dans le blanc manteau, tout diamenté, du plus haut pic, tandis que vers l'orient la ligne s'abaissait, comme fléchie sous le saphir des cieux, plus profond et plus sombre.

A l'Est, la forêt mystérieuse couvrait le flanc du coteau et avançait dans la plaine la houle murmurante des arbres séculaires aux sèves puissantes, aux fières cîmes, et ses taillis où vit, dans l'éclosion des jeunes pousses, toute la gamme harmonieuse du vert.

Vers le Nord-Est, l'horizon s'effaçait, fuyant sous le regard, au-dessus d'une suite de petites collines, baignées de soleil.

Plus au Nord, sur le haut plateau, l'église de Pibrac se dessinait, haute et nette, dressant dans les airs les vives arêtes de son clocher.

En s'abaissant vers nous, le regard rencontrait sur la crête d'un mamelon, au sein d'un champ de blé noir, un bouquet de peupliers dont les verts panaches, que le soleil poudrait d'argent, se balançaient au gré de la brise.

Le chemin que nous suivions depuis un instant longeait des champs de maïs dont nous admirions la fertilité. Aux tiges graciles s'enlaçaient, telles des lianes souples et nerveuses, des haricots aux fleurs violettes, blanches et roses. Dans les champs suivants, des carrés de fèverolles et de pois nains, fleuris et grainés, alternaient, avec de longs sillons de précieux tubercules de Parmentier, aux tiges grasses, feuillées de vert sombre, et dont la fleur blanche, au cœur teinté de rose, semblait une lèvre d'enfant égrenant un sourire plein de lait.

De cet ensemble, si divers en apparence, des choses de la nature ; de cette vivante harmonie des végétaux, de la douceur des éléments, de toutes les beautés de cette plaine, qui avaient pour cadre les lointains horizons des montagnes, de la forêt et des collines à la courbe mourante, se dégageait une pensée de prière et de charité.

Cette impression ne me surprit point ; une sainte avait passé par là.

Dieu semble, en effet, approprier les saints aux pays comme aux époques. Il prédestine de même les sites, les climats, comme les nations, à l'honneur de les élever, de les abriter, comme l'âme à recevoir la grâce de la sainteté.

Et ces âmes d'élite, épurées par l'amour et par la pratique consciente des vertus, rendues semblables à Dieu par le mérite de leur vie, laissent, après elles, sur la terre arrosée des larmes de leur corps, des sueurs et parfois du sang, quelque chose de leur caractère propre, perpétuant ainsi, malgré l'oubli des hommes et du temps, le bienfait de la sainteté et la beauté harmonieuse qui en est le reflet.

Un appel de mes camarades, me signalant le but de notre excursion, m'arracha à mes réflexions. En effet, à quelques centaines de mètres, par les intervalles d'une ligne de jeunes peupliers, longeant un étroit marais, on apercevait une maison basse et large, près de laquelle un petit bosquet se découpait sombre sur l'horizon bleu.

C'était la ferme de *Maître Laurent*, la maison natale de sainte Germaine.

CHAPITRE II

UNE RENCONTRE

Nous laissâmes notre chemin se continuer vers la droite, et prîmes, à gauche, un étroit sentier s'ouvrant entre deux larges fossés à moitié pleins d'une eau verte et glauque, au milieu de laquelle s'étalaient de nombreux îlots de plantes aquatiques.

Sur les deux rives de notre sentier, des grappes d'iris s'épanouissaient au sein des jonchaies. Les larges pétales blancs, violets, moirés de rose, veinées d'or pâle, s'ouvraient voluptueusement sur les tiges grasses et noueuses, entre les longues feuilles fuselées.

Le soleil, glissant vers l'Occident, piquait ses rayons de feu sur la fraîche corolle de ses fleurs orgueilleuses ; et sur la courbe arrondie des grappes, ainsi que sur les bouquets de joncs pointés d'argent, voletaient, légères et diaphanes, des libellules d'azur.

Dans un champ en friche, voisin de la maison de Germaine, un troupeau de moutons paissait tranquillement l'herbe tendre et savoureuse. Plusieurs portaient, suspendu à leur cou par un collier de cuir souple, une petite clochette, dont le son argentin imitait le bruit de perles tombant dans une coupe de cristal.

Assise au bord du fossé, sur le tronc d'un arbre déraciné par l'orage, la gardienne, une toute jeune fille paraissant avoir seize ans à peine, filait sa quenouille de lin.

Ce gracieux tableau terminait d'une manière naturelle, mais inattendue, le décor rustique du paysage.

Mais, ce qui me frappa chez la jeune pastourelle, c'est le costume.

Elle était vêtue d'une robe de serge grise, d'une casaque de même étoffe et d'un tablier de toile grossière, de couleur sombre.

Un capuchon de laine blanche, bordé d'une étroite bande de drap bleu, couvrait sa tête et ses épaules, et était noué sur sa poitrine par une cordelette de même couleur, au bout de laquelle pendait une petite croix. Elle était chaussée de gros sabots sans cuir, taillés dans un tronc de noyer. Sa quenouille était recouverte d'un carton colorié en forme de cornet.

La mode change peu à la campagne, surtout dans les contrées éloignées des grands centres. Autrefois, les siècles s'écoulaient sans modifier les vêtements des travailleurs du sol. C'est pour cela, sans doute, que le costume de cette jeune bergère se trouvait être celui sous lequelles contemporains de Germaine nous la représentent — un peu dixseptième siècle, disait un chroniqueur.

Les artistes qui ont fouillé le marbre et brossé des toiles, pour faire revivre, par la peinture ou dans le Paros, l'angélique figure de la bergère de Pibrac, ont pu trouver ici de nombreux modèles, et ils seraient certes inexcusables de n'avoir point fait œuvre exacte.

Je m'approchai de la jeune bergère et lui parlai en patois pour ne point l'effrayer. Elle me répondit en français avec un accent méridional qui lui seyait à merveille.

Sa voix au timbre clair, légèrement voilée par la timidité que lui causait mon costume; le franc regard de ses yeux profonds, d'un bleu sombre, et la douceur de son sourire révélaient une âme droite, ardente et simple. Ses traits, brunis par le soleil et le grand air, étaient fins et réguliers ; l'ovale de son visage, la structure parfaite du nez et des lèvres, laissant voir, lorsqu'elle parlait, une admirable rangée de dents nacrées, complétaient agréablement cette figure de jeune fille et la rendaient sympathique à première vue.

Elle répondit fort gentiment, et sans nulle coquetterie, à mes questions. Ce fut vraiment charmant de l'entendre me raconter la vie de sainte Germaine, mille détails ignorés sur la bergère, et les bienfaits qu'elle répand sur ceux qui l'invoquent. Et tout cela narré avec une simplicité touchante, pleine de grâce.

Sainte Germaine racontée par cette enfant, dans le décor de ce poétique coin de terre, sur les lieux même où elle vécut, rentre dans le domaine de la légende.

Je pus me convaincre, par cette conversation, combien la fille de Laurent Cousin, morte depuis trois siècles, est encore vivante dans le cœur de ses compatriotes. Sans doute, l'éclat de ses miracles, la proclamation de sa sainteté par l'Eglise, ont contribué pour une part très large à la conservation de son souvenir, mais il y a là encore la tradition dont il faut tenir compte, l'enseignement légué à l'enfant par l'aïeul vénéré, qui le reçut lui-même, comme un dépôt sacré, une charte précieuse des vertus de la petite bergère, de ceux dont l'enfance fut élevée par les contemporains des premières merveilles.

Je quittai la petite bergère, ému par tous ces souveinrs d'un siècle déjà si loin, et pourtant si près de nous dans ces solitaires campagnes, et rejoignis mes camarades.

CHAPITRE III

VISION FUGITIVE

Sur le bord du chemin, dont la séparent à peine quelques touffes de hautes bruyères sèches, s'élève la maison.

Une large ouverture sans portail, ouverte à tout venant, pratiquée entre une veille grange aux murs terreux, au toit vert de mousse, et la maison, donne accès dans la cour de celle-ci.

Elle est façadée à l'Est. C'est une maison carrée, basse et d'aspect lourd. Elle se compose d'un rez-de-chaussée et d'un grenier s'ouvrant sous le toit.

Les murs, faits en partie de gros moëllons de terre mélangée de paille, et de maçonnerie, ont l'aspect jaunâtre et gris d'herbes sèches, lavées par les pluies d'orage. La toiture est recouverte de tuiles à canaux, tachées çà et là de plaies verdâtres.

Un corps de logis, de date plus récente, allonge la maison primitive et la relève un peu de son apparence de délabrement.

Une grange ouverte, sorte d'appentis, élevée presque à l'angle sud, contre le mur de face, et servant d'abri aux chariots et aux instrument aratoires, complète cette ferme qui fut autrefois l'asile, souvent inhospitalier, de la sainteté.

Sur la façade, s'ouvre une porte et des fenêtres à volets gris. Vers l'angle sud, presque sous l'appentis, est une large ouverture cintrée encadrée de briques rouges.

Devant la maison s'étend une cour vaste et spacieuse, vraie cour de ferme, recouverte de broussailles et d'herbes sèches qui serviront plus tard d'engrais pour les champs et les prés.

Au fond de la cour, à quelques pas de l'orée du bosquet signalé plus haut, s'élève une statue de sainte Germaine, sur un piédestal en maçonnerie.

Les mains jointes sur sa poitrine retiennent à peine la quenouille chargée de lin ; les yeux levés au ciel, le visage rayonnant, la bergère semble, non s'élever de la terre, puisqu'elle y trouvait Dieu, mais marcher à son devoir quotidien avec le calme de la sagesse et de la vertu. A cet instant, recevant du ciel un rayon de gloire, comme une caresse réconfortante sur son pauvre corps souffreteux, sur son front pâle et amaigri, son âme virginale s'abreuve avec délices du Beau et du Bien qu'elle entrevoit.

Le soleil couchant semblait répandre sur cette image de pierre mate, presque grise, un éclair de vie.

Sur le seuil de la ferme, nous fûmes accueillis par une vieille femme qui nous dit en être la gardienne. — Elle reçoit les visiteurs et exploite les arpents de terre attenants à la cour et au petit bois.

Près d'elle était une fillette de dix ans, aveugle de naissance.

Sous le léger capulet de laine rouge, frangé de velours noir, qui lui couvrait la tête, son visage apparaissait marmoréen, d'un blanc d'anémie, presque diaphane.

Les lèvres pâles, à peine rosées par un sang clair et nul, restaient closes. Tous ses traits étaient immobiles et comme figés. La figure n'avait de la vie que l'effort suprême des paupières pour déchirer le voile opaque, masquant la cornée et l'iris des yeux, qui lui volait la lumière.

Avec ses membres grêles, ses mains fluettes et comme douloureusement enserrées dans le réseau trop bleu des veines, ses poignets débiles, sa poitrine étroite, insuffisamment développée, son cou trop long, où brillait, attaché à un ruban rose, une médaille, cette enfant nous apparut comme l'image de la souffrance incarnée.

Le sourire indifférent, presque triste, le « bonjour » à peine murmuré, par lesquels elle répondit à notre salut, nous impressionnèrent vivement.

Comment apparaissions-nous à cette enfant dont nous sentions l'âme vibrer sous l'opale des yeux ? Comment nous voyait-elle, dans ce rayon de lumière intérieure, son centre de vision à elle, cette pauvre mignonne qui n'avait jamais éprouvé les charmes de la vue ?

Pour elle, le ciel bleu, les nuages blancs et roses, l'aurore et le crépuscule, l'éther plein de rayons et de parfums, les fleurs riantes, dont les mille tons charmants éblouissent nos regards ; la plaine plantureuse, les prairies mamelonnées aux lointains profonds, la réelle majesté des arbres séculaires, flammés d'or par le soleil mourant, tout ce qui est beau et éveille en nous des sentiments d'admiration, d'enthousiasme et fait parfois jaillir le génie créateur de nos âmes charmées, tout cela n'avait aucun attrait. Elle l'ignorait, cette enfant, dont le corps ne participait à la vie que par ses besoins et dont l'âme était comme scellée dans cette tombe de chair souffreteuse.

Elle entendait, pourtant. Et les sons perçus par son oreille, attentive et avide, avaient pour elle un charme particulier. A cet instant, une hirondelle dessina autour de nous sa courbe gracieuse en jetant à l'éther son cri faible et léger. La petite aveugle entendit ce cri, devina ce vol : un vif sourire éclaira ses lèvres, un peu de sang rose colora ses joues d'albâtre... Puis, ce petit visage reprit son aspect de masque immobile, de poupée mécanique.

La Providence créatrice des mondes inspire les actes bons et dirige les faits ; son action s'exerce sur les impressions, tout en laissant intact le domaine de la volonté personnelle. Les grands mots de hasard et de fatalité furent inventés par l'homme pour masquer la faiblesse que son orgueil l'empêchait d'avouer. Rien n'agit sans ordre, tout est pesé.

C'est ainsi que cette petite fille nous apparut. Innocente et pure créature, accablée par un mal terrible, surgie devant nous, comme l'image fidèle du souvenir, comme la fleur aimée, comme le fantôme idéal et aérien d'une fugitive apparition, sous les traits de la Germaine d'autrefois, sur le seuil de la maison où s'écoula la vie de la Sainte, elle nous sembla providentiellement placée là pour en rappeler le souvenir avec plus d'intensité.

Elle parla, et sa voix semblait être l'écho de ce qui l'entourait, en même temps qu'étrangère à la terre. Dans sa bouche, l'idiome Languedocien n'avait point cette pétulance égrillarde, ce rire musical et sonore, qui le caractérisent, et dans lesquels vibre tout ce midi passionné, ardent, frondeur et artiste. Il revêtait, parlé par elle, une parure austère et infiniment chaste, et semblait épuré par ces lèvres d'enfant.

Etrangère à la terre par sa cécité, elle semblait connaître à merveille le séjour des saints. Elle en parlait le langage et nous en révéla toutes les splendeurs. On l'eut aisément cru descendue des célestes hauteurs où elle vivait dans la joie de la vision béatifique.

C'était au moins une surprise étrange que la présence de cette enfant au berceau de Germaine ? Malgré tout ce qu'elle avait de naturel, l'esprit restait frappé de cette coïncidence. Plus d'un visiteur, je l'assure, venu avant ou après nous, sentit également, avec plus de force peut-être, mais non avec une plus vive émotion, l'impression qu'elle nous produisit.

CHAPITRE IV

LA MAISON DE FAMILLE

La vieille gardienne, grand'mère de la fillette, nous invita à entrer d'abord dans la maison d'habitation et nous montra la chambre où naquit Germaine.

Blanchie à la chaux quelques jours auparavant, cette chambre avait l'aspect banal d'une salle ordinaire de ferme. Quelques meubles grossiers et solides, sans grande antiquité, la meublaient sommairement.

Un tableau seul y rappelait, d'après la gardienne, la sainte bergère. Ce tableau, passé à l'état de relique du souvenir, et conservé comme telle, est vraiment curieux.

Il est en bois de chêne de 40 à 50 cm. et les personnages sont sculptés en relief. C'est un assez beau morceau de la Renaissance. L'originalité de la conception, la hardiesse du dessin et la finesse du travail, sont d'un bel et vigoureux effet.

Par exemple, il nous fut impossible d'en définir le sujet. Le nimbe des personnages, et une petite croix sur la poitrine de l'un d'eux, nous permit seulement de le classer parmi les saintetés.

Notre cicérone nous affirma que ce tableau existait dans la ferme au temps de Germaine. Je n'ai pu vérifier le fait, les historiens de la sainte n'en parlant pas, et la tradition restant muette là-dessus. Mais cela n'a qu'un intérêt secondaire et tendrait à prouver, comme on l'a déjà remarqué à propos de la première inhumation de Germaine dans l'église même de Pibrac, que sa famille dut avoir, dans les temps reculés, un rang élevé parmi les villageois, par mérite de valeur sinon de naissance.

Cela nous conduirait à supposer, sans prétendre donner à notre dire une valeur historique quelconque, que ce tableau en relief, représentant, pour l'époque, un certain prix, vint dans la chaumière comme un cadeau offert en récompense par quelque grand seigneur. A moins qu'il n'ait été sculpté par un artiste de la famille, par un de ces artisans anonymes auxquels nous devons d'immortels chefs-d'œuvre et dont le nom n'est point parvenu jusqu'à nous ?

— C'est à ces ouvriers inconnus que vont nos hommages, notre admiration, car c'est par eux que nous savons l'art du passé, la pensée de nos pères, les images fidèles de la vie d'autrefois et le concept artistique des générations antérieures de notre race.

Dans la salle suivante, autrefois cuisine et salle à manger de la famille, notre guide nous montra un morceau de bois de hêtre, carié, affectant la forme d'une moitié de tête fendue du haut en bas et toute déchiquetée.

Ce fut autrefois un buste, paraît-il, qui reproduisait les traits de saint Jean, mais, il y a une dizaine d'années, la gardienne d'alors ayant permis à un pèlerin d'enlever une parcelle de ce buste, il s'en suivit une véritable mutilation. Depuis, chaque visiteur reçoit sa part du crâne de bois, remontant — toujours d'après la gardienne, et sans autre preuve d'authenticité, — à une date antérieure à la naissance de sainte Germaine. Et c'est devant ces figures naïves et peu expressives, — le tableau et le buste, — que la pieuse enfant faisait chaque jour sa prière.

Malgré tout ce que ces souvenirs traditionnels peuvent avoir de véridique, il est à supposer que la pauvre bergère, du moins après la mort de sa mère, Marie Larroque, et le second mariage de son père, pria plus souvent au milieu des champs qu'à la maison, devant sa marâtre, si tristement célèbre, et dont le nom n'est parvenu à la prospérité que flétri d'un stignate.

Les historiens de la bergère, par ailleurs si peu intéressants, dans leurs affectations de sentiments pieux, dans leurs citations de livres saints inutiles ou dépacées, à propos d'une jeune fille ignorante et naïve qui eut le bon goût d'aimer Dieu plus que tout le reste, sans pour cela que sa pensée évoluât dans les arcanes savantes de la perfection des théologiens et sans que son esprit, blotti dans la paix du non savoir, y trouvât la culture dont ces dilettantes mystiques, qui voudraient qu'une enfant récitant son « Notre père » avec foi et mérite, débrouillât l'écheveau des mystères de la révélation, lui attribuent ingénûment les clartés magnifiques, ces historiens nous la montrent en des tableaux émus quittant la maison paternelle à l'heure où la première lueur de l'aurore blanchissait le ciel de sa clarté rose, et, suivie de ses agneaux, s'en allant dans les pâturages jusqu'à l'Angelus du soir.

« Elle passa sa vie au milieu des champs, des forêts et des prés ;
« elle put contempler à l'aise les merveilles de la création, apprendre

« à connaître Dieu dans les splendeurs du firmament comme dans « les eaux du ruisseau limpide, dans le chêne de la montagne, comme « dans l'herbe de la vallée (1) ».

Lorsque tombait le crépuscule, jetant sur la clarté sans reflets d'un ciel plus pâle ses longues écharpes drapant la vallée et la plaine dans leurs claires mousselines ombrées de violet, Germaine reconduisait son troupeau docile à la ferme de son père, et, après qu'on lui avait jeté, comme au chien de garde, le morceau de pain noir formant tout le menu de son dîner, elle se retirait sous l'escalier.

Là, couchée sur un fagot de sarments noueux, ou à genoux sur la terre nue et glacée, elle passait la nuit dans la prière, quand la fatigue et la douleur ne l'obligeaient point à céder au sommeil.

Et, en fait, cette soupente où reposait chaque nuit Germaine, et où elle mourut, est le seul endroit, dans cette maison, qui parle d'elle. Mais elle y revit, après trois siècles, comme au lendemain de sa mort, à l'heure où son corps, enlevé de sa couche austère, allait attendre, sous les dalles froides du sanctuaire des chevaliers de Malte, l'heure de sa glorification.

Et il semble fort juste que, privée pendant sa vie de sa place au foyer, on n'ait point cherché à placer, dans ce cercle intime, familial, de l'habitation, des souvenirs, qu'en réalité, elle n'y laissa point.

Pour nous rendre au pauvre gîte de la sainte enfant, nous dûmes revenir dans la cour de la ferme et rentrer par la large porte à encadrements de briques dont j'ai parlé plus haut.

(1) SALVAN, *Vie de la sainte.*

Ce réduit obscur se trouve à gauche en entrant, sous un escalier conduisant autrefois au grénier à fourrage, et maintenant enfermé dans une chambrette de quelques pieds, murée de minces cloisons, et dans laquelle on pénètre par une large ouverture.

Au-dessus de l'entrée, des couronnes de fleurs sèches et des guirlandes de feuillages odoriférants, répandent une forte odeur de boutique d'herboriste.

Un sourire plisse les lèvres du visiteur et déride le front du plus grave en présence de ces ex-votos, hommages rustiques des simples. Dans l'or pâle des feuilles sèches, toutes plissées, ombreuses, et dans les fleurs ratatinées, aux couleurs éteintes, où dorment des parfums, revit toute la grâce naïve et un peu rustre de l'âme du peuple.

La maladresse inconsciente et la force qui s'ignore encore, se retrouvent dans l'offrande des enfants, des jeunes adolescents : croix de bois de vergne habillées de branches de buis solidement liées avec des vimes d'osier trop gros ; bouquets de roses et de chèvrefeuille, de muguet des bois et de bleuets, trop serrés par l'étreinte meurtrière de roseaux noueux, brisant les tiges frêles et cassantes ; longues guirlandes de cymbalaire, à longs rameaux retombants, telles des branches feuillues de saules pleureurs. A côté, éclairant l'agonie muette, la mort de ces fleurs, qu'un rayon de soleil ouvrit au jour, flotte le ruban bleu ou rose de la paysanne, montrant, sur la moire taillée en flamme de gonfanon, ou dans un nœud confectionné par des doigts inexperts, ce mot : « merci », brodé entre deux dessins hiéroglyphiques.

Avant de pénétrer dans cette humble chambrette, comme au seuil d'un sanctuaire, on éprouve le besoin de se mouiller le front d'eau sainte, pour purifier sa pensée et la rendre digne de comprendre le mystère humble et touchant de cette âme de jeune fille, douée d'une si énergique volonté et qui, pour ajouter à ses souffrances physiques et parfaire son mérite, asservit sa liberté sous le joug d'une humilité profonde, d'une vie toute émaillée, tel un jardin de fleurs triomphalement belles, d'héroïques exemples, d'heures d'indicible douleur et d'intense martyre.

CHAPITRE V

LA COUCHE DE LA VIERGE

Dans la demi-clarté du jour finissant, le pauvre réduit où mourut la vierge semblait se remplir de mystère. La pâle blancheur des murs lavés à la chaux s'estompait aux angles, se bleuissait, perdant ainsi un peu de sa crudité laide.

En entrant, nous vîmes devant nous, appuyé au mur de gauche, l'escalier. Les gradins de bois qui le composent et les pilliers qui le soutiennent sont labourés de profondes taillades, creusés d'horribles brèches, chaque pèlerin en enlevant une parcelle pour l'emporter comme un souvenir précieux ou documentaire.

C'est, je crois, pour éviter l'émiettement complet de l'escalier, qu'on offre une parcelle du buste de saint Jean dont nous avons déjà parlé.

Sous l'escalier, couchée sur des sarments, entourée de roses et de lis, une statue représente la sainte dormant. Et ce plâtre inerte, en lequel une main habile et ingénieuse d'artiste anonyme a reproduit les traits de Germaine, parle au visiteur, tant l'expression en est vivante et forte.

C'est là, sur de pareils sarments, dans cet obscur trou, que la petite bergère mourut. Honnie du foyer paternel par sa tortionnaire marâtre, au dernier soir de sa vie mortelle, elle se traîna, brisée par le mal physique qui l'accablait, sur sa couche ; elle s'endormit, l'âme en paix, le corps réchauffé par la douce haleine de son troupeau, sommeillant tout à côté.

Et tout à coup, elle s'éveilla. La souffrance atroce de son corps, torturé par les écrouelles, déformé par le rachitisme, avait disparu. Une paix immense semblait l'envelopper tout entière, et l'abreuvait d'un délicieux repos inconnu jusqu'alors.

L'obscurité de la nuit disparut, une clarté soudaine, plus brillante que le soleil et infiniment douce, illumina l'humble réduit de la bergère.

Une brillante théorie de vierges, couronnées de roses d'or et portant de grandes tiges de lis aux fleurs éclatantes, descendit des profondeurs de l'azur, où des millions d'étoiles jetaient des scintillements de pierres précieuses, et s'approcha de la couche de la vierge de Pibrac.

L'une d'elles déposa sur le front de Germaine une couronne semblable à la leur. Puis, reprenant, au chant de l'éternel Hosanna, le chemin aérien des demeures célestes, qu'un rayon d'en haut éclairait, elles conduisirent l'âme de la pauvre percluse au pied du trône du Souverain Seigneur.

Ainsi mourut, d'après la tradition et la légende, la « pia pastorella » à l'heure mystérieuse de la nuit, précédant l'aube du jour. La famille, indifférente et cruelle, ne mérita point d'assister à son triomphe, et quand, le lendemain matin, son père, inquiet, entra dans le réduit qu'il avait jugé suffisant pour sa fille aînée, il trouva son corps inerte et froid. Mais le visage de la vierge était d'une blancheur de neige et de ses restes mortels émanait un parfum suave et doux.

Ce coin béni, cette pauvre cellule, pleine, comme un vaste reliquaire, de fleurs et d'ex-votos, respire Germaine tout entière. On est vraiment près d'elle, là, devant sa couche austère. Les saints laissent quelque chose d'eux-mêmes à l'endroit d'où leur âme s'envola vers l'Eternité, comme si, à cet instant suprême, où ils entrevoient Dieu et les splendeurs du ciel, ils voulaient laisser après eux une part de leur félicité.

Leur mort est un acte de charité en même temps qu'un acte d'apostolat; leur action s'exerce, après eux, sur les liens qu'ils habitèrent.

Il ne faut point rechercher ici les magnifiques ex-votos admirés à Pibrac. Tout est pauvre et simple à la ferme.

A Pibrac, c'est Germaine glorieuse, célébrée par les arts, la peinture, la sculpture, le marbre et les métaux, les gemmes et les soieries, tout ce qui brille et caresse le regard, tout ce que l'homme appelle beau et artistique.

C'est l'épilogue du poème dont le prologue est ici, au sein de ces champs poétiques, des bois touffus et mystérieux, des bruyères lamées d'or, dans cette pauvre maison.

Sur les murs de la chambrette de Germaine, suspendus ou posés sur des socles, scapulaires, médailles, tableaux, gravures, cierges, statuettes, etc., se mêlent, se confondent, attestent, par leur présence, la puissance et la bonté de la sainte.

Ça et là, quelques offrandes plus riches se cachent, semblent se blottir sous le scapulaire de la mendiante ou l'image pieuse déposée par la fille des champs, comme si tout ce qui éclate et brille, attire le regard et distrait la pensée, se trouvait déplacé au milieu de l'hommage du pauvre car, lui seul peut-être, n'oublie pas tout à fait cette maison.

Des anneaux de mariage, des boucles d'oreilles, des couronnes de fleurs d'oranger apparaissent aussi, voilées par la fine dentelle grise de l'araignée, ainsi que par une gaze légère et floue.

L'offrande vulgaire du besogneux n'a pas à craindre l'expulsion. Tous les ex-votos sont également respectés. Et ce respect jaloux de tout ce qu'on y apporte fait de ce lieu un musée d'un ordre tout particulièrement intéressant.

On me montra des couronnes de fleurs artificielles, satinées et dorées, des scapulaires faits de fines dentelles, des images appendus là depuis 1804. Les mains qui ouvrèrent ces petits objets fragiles sont depuis longtemps dans le sein de la terre, oubliées de tous, et les humbles offrandes restent, les rappelant aux pèlerins.

Depuis la bague d'or jusqu'au scapulaire de bure, chaque objet renferme un mystère, rappelle une souffrance ou une joie. C'est parfois l'espoir d'une vie attachée à ce cercle de métal, à ce chiffon symbolique. C'est aussi l'âme du paysan, du pauvre, du passant que nul amour n'attend, que nul gîte n'attire. Cette âme vaillante et besogneuse, aimante et fière, vit dans ses offrandes.

La maison de Germaine est le but de son pèlerinage, comme la chapelle de l'église de Pibrac et la châsse sont le but de la visite des fortunés.

Ici, la pauvreté ; là-bas, la splendeur.

Ici, Germaine souffrante et humiliée ; à Pibrac, Germaine triomphante et glorieuse ; partout, la sainte, la protectrice puissante.

La foi naïve et franche des gens de la campagne se manifeste par un tendre amour envers sainte Germaine. Ils l'aiment parce qu'elle est à eux. Sa courte vie de jeune fille s'est écoulée au milieu des champs ; aussi les braves travailleurs de la terre Languedocienne aiment-ils à garder, dans toute la simplicité de leur condition, le souvenir naturel, tangible, de celle qui vécut de leur vie, mourut comme ils meurent, simples et humbles, dans le cadre rustique de ce riant paysage, où s'écoule leur laborieuse existence.

CHAPITRE VI

CONCLUSION

Autrefois, la grange, dont un coin est occupé par l'escalier sous la soupente duquel couchait Germaine, servait de bergerie. Là, à quelques pas de la bergère, reposait le troupeau d'agneaux dociles, dont la douceur caressante lui fut souvent prétexte à plus de perfection, et dont la chaude haleine était un baume pour ses pauvres membres perclus, pendant les longues et froides nuits d'hiver.

Aussi, quand, notre visite terminée, nous quittâmes le pauvre réduit, j'espérais bien apercevoir, dans l'ombre de ce qui fut la bergerie, la clarté mouvante d'une blanche toison. J'eusse trouvé dans ce fait un symbole dont mon esprit eut été charmé.

Mais ma surprise fut grande lorsque, au lieu de moutons, j'y aperçus des... bœufs. La bergerie d'antan est, en effet, devenue étable. C'est, peut-être, la seule transformation intervenue dans cette immobilité trois fois séculaire.

Je m'approchai des ruminants et les caressai. L'un d'eux, vaguement inquiet de la couleur écarlate de mon pantalon, ouvrit tout grands ses yeux de bonne bête, respira bruyamment, et... me lécha la main.

Pourquoi, demanderais-je, en terminant, ne trouve-t-on pas une chapelle dans cette maison ? A-t-on craint qu'elle ne fût pas à sa place ?

Sans doute, sainte Germaine a sa chapelle à Pibrac, mais est-ce que la prière officielle de l'Eglise, prenant possession de cette vieille relique du souvenir, consacrant ses vieux murs lézardés, ombrés de mousse et de lichen, ne produirait pas sur le pèlerin une impression de force et de confiance ? Est-ce que l'office rituel, célébré sans faste, avec la seule majesté de la liturgie catholique, sous ce toit visité par les anges et les saints, n'aurait point la même puissance que sous les volutes de pierre, dans l'arc brisé des nefs gothiques, sous la splendeur triomphale des vitraux ennuagés d'encens, dans la vague harmonieuse du grondement des orgues et des cloches, au cœur des palais sacrés, édifiés par l'âme féale et généreuse du Moyen-Age ?

Ces vieux murs tombent. Au lent délabrement produit par le temps, au salpêtre rongeur, à la désagrégation séculaire, s'ajoute la négligence, et bientôt, de cette maison, le berceau d'une sainte, il ne restera plus qu'un amas informe de murs écroulés, de plâtras innommables. Et le voyageur, égaré de sa route ou mal renseigné par un guide naïf ou mystificateur, s'arrêtera surpris et confus devant ce qui fut la ferme, et dira, attristé : c'était là ?

On voit, par ailleurs, se former, chaque jour, des comités sous les noms les plus divers et les moins autorisés, le plus souvent à l'effet d'ériger des bustes et exhausser jusqu'à la stèle de pierre dans le rond des massifs des nullités errantes dans l'ombre des foules ; de commémorer, avec des plaques plus ou moins pompeuses, d'un marbre rare, des actions ou des œuvres qui sont loin d'égaler l'éclatante vertu et les surprenantes merveilles de notre petite sainte.

Pourquoi n'en ferait-on pas autant pour la maison de Germaine ? La bergère de Pibrac a assez d'admirateurs et chacun, dans l'intime de sa pensée, fait des vœux pour ce relèvement, désire cette restauration.

Après avoir remercié la gardienne et jeté un dernier regard sur toutes ces vieilles choses, nous reprîmes le chemin du camp, à l'heure où le soleil disparaissait à l'Occident, et noyait la croupe arrondie des collines d'une aveuglante lumière, poudrant d'or fluide la grande forêt.

En route, nous nous retournâmes plusieurs fois pour saluer l'humble ferme. Peu à peu, la distance la rendit moins visible. Et quand le soleil eut disparu, traînant après lui son auréole de rayons, tandis que dans les hauteurs du ciel flottaient quelques nuage roses, frangés d'or pâle, je ne distinguai plus, de la maison de *Maître Laurent*, qu'une masse informe, déjà noyée dans la brume du crépuscule.

Le soir tombait. Des nuages d'ombre flottaient sur les grands bois des collines et sur la forêt. Sur la plaine, un voile de vapeur légère, nacrée, s'étendait, couvrant les prés et les moissons.

A l'Occident, sur le ciel encore vaguement éclairé par les feux mourants du jour, des nuages cuivrés, argentés, opalisés, plaquaient l'azur où perlaient déjà des millions d'étoiles.

A un détour du chemin, une bergère passa, conduisant son troupeau qui marchait autour d'elle, en rangs serrés.

Elle était jeune et nous sembla belle. Mais le légendaire capuchon qui la recouvrait entièrement nous empêcha de distinguer parfaitement les traits de son visage.

Lorsqu'elle nous eut dépassés, elle entonna un cantique en l'honneur de sainte Germaine. Ce chant au rythme lent, presque mélancolique, sur ses lèvres de jeune fille, clôturait notre excursion, la terminait dignement.

Au camp, nous étions attendus. Notre arrivée fut saluée par des acclamations ; des groupes se formèrent et nous dûmes narrer les surprises de notre voyage.

Les jours suivants, plusieurs de nos camarades visitèrent la pauvre ferme, et, dans la lettre que chaque samedi ils écrivaient à leur mère, ils glissèrent, cette fois, des petites fleurs fanées, prises dans les couronnes entourant la couche séculaire de la vierge de Pibrac.

FIN

TABLE DES MATIÈRES

SAINT-AMAND (CHER). — IMPRIMERIE BUSSIÈRE

Nous avons entrepris la publication de plusieurs séries d'ouvrages d'actualité dûs à des écrivains de grand mérite et du meilleur renom. Nous recommandons donc instamment ces œuvres faites pour dissiper les doutes et les erreurs dont souffre actuellement l'opinion publique. Ces séries iront chaque jour se complétant.

1° Collection A. Savaète à 0 fr. 75
in-8° carré

Un poète abbé (Delille) par Louis AUDIAT.
Proscription des Ordres religieux (La), Protestation d'un croyant, par Mgr. Justin FÈVRE.
Proscription des Religieuses enseignantes, par Mgr. Justin FÈVRE.
Abomination et désolation, lettre aux évêques de France, par Mgr. Justin FÈVRE.

2° Collection A. Savaète à 1 franc
in-8° carré et in-12

Catholiques ou Francs-maçons, par X.
Duchesse de la Rochefoucault (La), par Mgr. TILLOY.
Le Bienheureux pape Urbain V, par dom BERENGIER.
Rimes d'un croyant (poésies), par le comte du FRESNEL.
Rimes d'un père (poésies), par le comte du FRESNEL.
Rimes d'un soldat (poésies), par le comte du FRESNEL.

3° Collection A. Savaète à 1 fr. 50
in-12 et in-8°

Un missionnaire poitevin en Chine, par dom CHAMARD.
Primevères (poésies) par dom Fourier BONNARD

4° Collection A. Savaète à 2 francs
in-8° carré

Le centenaire de Mgr. Dupanloup, par Mgr. Justin FÈVRE.
La Mise en accusation du Ministère, par Mgr. FÈVRE.
Colonel comte Villebois-Mareuil, héroïsme français au Transvaal, par le marquis SIMON de Beau-Carré.
Paris-Zola, par MERLIER.
Trio (Les), juifs, protestants, et francs-maçons, par Jules APER.
Cas de M. Henri Lasserre, Lourdes et Rome, par l'abbé Paulin MONIQUET.
Catalogues Episcopaux, réponse à l'abbé Duchesne, par l'abbé TROUET.
Actes de Saint-Denis de Paris, par le chanoine DAVIN.
Anne d'Orléans, première reine de Sardaigne, par la comtesse de FAVERGES.

5° Collection A. Savaète à 3 francs
in-8° et in-12

Carnet d'un officier, œuvre posthume, considérations philosophiques du commandant Léon Guez, chef d'état-major du 8e corps, par dom RABORY.
Odila (tragédie), par Arthur SAVAÈTE.
Zuléma, roman historique, par Arthur SAVAÈTE.
Abomination dans le lieu saint (L'), par Mgr. Justin FÈVRE.
Désolation dans le sanctuaire (La), par Mgr. Justin FÈVRE.

6° Collection A. Savaète à 3 fr. 50
in-12

Origines de Notre-Dame de Lourdes (Les), par l'abbé Paulin MONIQUET.
Roman d'un jésuite, par BEUGNY d'Hagerue.
La Dame Blanche du Val d'Halid, par Arthur SAVAÈTE
La Main noire, suite du précédent, par Arthur SAVAÈTE.
Styles et Caractères, par Georges LEGRAND.
Grandeur et décadence des Français, par Gaston ROUTIER.
Le P. Aubry et la Réforme des études ecclésiastiques.

7° Collection A. Savaète à 5 francs
in-8° raisin

Julie Billiart (La Vén. mère), par Ch, CLAIR S.-J.
Chinois et chinoiseries illustré, par Pol KORIGAN.
Rivales amies (Les), roman, par Arthur SAVAÈTE.
Voyage chez les Anciens ou l'économie rurale dans l'antiquité, par le chanoine BEAURREDON.
Rôle de la Papauté dans la société, par le chanoine FOURNIER.
Bulgarie aux Bulgares (La), par l'abbé DUPUY-PÉYOU, illustré.

8° Collection A. Savaète à 7 fr. 50
in-8° raisin et jésus

Fleur merveilleuse de Woxindon (La), par le P. SPILLMANN, traduit de l'allemand.
Origines et progrès de l'éducation en Amérique, par Charles BARNEAUD.
Dame Blanche du Val d'Halid et la main noire (La) illustré, par A. SAVAÈTE.
Couronnement d'Alphonse XIII, roi d'Espagne, illustré, par Gaston ROUTIER.

9° Collection A. Savaète à 8 francs
in-8° raisin

Soirées Franco-Russes : 1re Soirée. — Mort de Louis II de Bavière ; 2e Soirée. — Mort de Rodolphe ; 3e Soirée. — Boërs et Afrikanders, par Arthur SAVAÈTE.
Origines et responsabilités de l'insurrection Vendéenne, par dom CHAMARD.
Les Représentants du peuple en mission près les armées 1793-1797. D'après le dépôt de la guerre, les séances de la Convention, les archives nationales, par BONNAL de Ganges, conservateur des archives au dépôt de la guerre, 4 vol.
Tome I. — Le Conseil exécutif et les représentants . . . . 8 fr.
Tome II. — Les partis et les représentants aux armées . . . . . . 8 fr.
Tome III. — Les volontaires et les représentants aux frontières . . . . 8 fr.
Tome IV. — Les représentants et l'œuvre des armées . . . . 8 fr.

St-Amand (Cher). — *Imp. Scientifique et Littéraire* BUSSIÈRE.

www.ingramcontent.com/pod-product-compliance
Ingram Content Group UK Ltd.
Pitfield, Milton Keynes, MK11 3LW, UK
UKHW021548260726
13993UKWH00002B/702

9 782019 938321